墨香财经学术文库

财务比率估值研究

Research on Valuation Using Financial Multiples

康健　著

东北财经大学出版社
Dongbei University of Finance & Economics Press
大连

图书在版编目（CIP）数据

财务比率估值研究 / 康健著. —大连 : 东北财经大学出版社，2025.5.—

（墨香财经学术文库）. —ISBN 978-7-5654-5556-8

Ⅰ. F230

中国国家版本馆CIP数据核字第2025ED9846号

财务比率估值研究

CAIWU BILÜ GUZHI YANJIU

东北财经大学出版社出版发行

大连市黑石礁尖山街217号　邮政编码　116025

网　　址：http://www.dufep.cn

读者信箱：dufep@dufe.edu.cn

大连图腾彩色印刷有限公司印刷

幅面尺寸：170mm×240mm　字数：160千字　印张：13.25　插页：1

2025年5月第1版　2025年5月第1次印刷

责任编辑：王　丽　孔利利　责任校对：赵　楠

封面设计：原　皓　版式设计：原　皓

书号：ISBN 978-7-5654-5556-8　定价：72.00元

教学支持　售后服务　联系电话：（0411）84710309

本专著得到以下项目的资助：

1. 东北财经大学优秀学术专著资助出版专项一般项目（项目批准号：ZZ202419）；

2. 辽宁省教育厅高校基本科研项目青年项目（项目批准号：LJ112410173025）

前 言

在当今经济与金融快速发展的背景下，财务比率作为一种核心估值工具，长期以来被视为连接企业财务状况与资本市场表现的重要纽带。然而，随着全球经济的日益复杂和资本市场动态的不断演变，传统财务比率估值方法的有效性与适用性正面临着前所未有的挑战。本书从全新的视角出发，对这一经久不衰的话题进行了深入探讨，并力图回答以下关键问题：

为什么财务比率估值在现代资本市场中仍被广泛采用？调整哪些关键变量可能显著影响其估值能力？在信息技术和行为金融等推动下，传统方法是否依然存在改进与创新的空间？此外，如何在实际操作中平衡这些方法的理论价值与实用性，从而为企业与投资者的战略决策提供坚实的依据？

这些问题不仅对金融领域的研究者和投资者至关重要，而且对企业的估值实践及更广泛的经济政策制定具有深远影响。如果对财务比率估值方法的可靠性缺乏准确评估，那么投资者在分析企业内在价值时可能会产生偏差，进而影响资本的高效分配。而对于政策制定者而言，忽视市场估值方法的变化可能阻碍政策目标的实现，甚至对市场的稳定性构成风险。

自20世纪初以来，资产估值逐渐成为经济、金融和会计领域最受关注的话题之一。伴随着会计准则的逐步规范，公司财务报表成为估值的重要依据。1938年，John Williams首次提出“股息贴现模型”（Dividend Discount Model），该模型从投资者的角度出发，将预期未来派发的全部股息现金流按照适当的贴现率贴现并求和，从而得出股票的内在价值。这一模型的提出将基于未来现金流的思想引入估值理论，突出了现金流折现与时间价值的核心地位。20世纪末期，自由现金流折现模型（Discounted Cash Flow Model）开始在实践中广泛应用，并逐渐成为企业估值的标准工具。

几乎与“股息贴现模型”同时期，运用财务比率对股票进行估值的实践开始在市场中兴起。其中，市盈率（P/E Ratio）和市净率（P/B Ratio）是最早出现并被广泛采用的财务比率，用以衡量投资回报。彼时的财务比率由企业的历史财务数据构建，而非基于未来预期，因此投资者倾向于选择低市盈率、高资产支撑的股票。然而，这一阶段的财务比率应用更多依赖经验，缺乏严谨的理论支持。随着20世纪末现代投资组合理论的发展，现代财务比率理论逐渐完善。与此同时，企业开始更加关注现金流，“息税折旧摊销前利润（EBITDA）”及其相关财务比率“EV/EBITDA”逐渐流行，成为衡量企业核心价值的重要标尺。财务比率估值还引入了行业差异这一关键因素，从而显著提升了其估值的精准度。

本书基于跨学科的视角，综合现代金融学、会计学、计量经济学及行为科学的相关理论与实证研究，通过分析过去数十年中财务比率的演变及其在不同市场环境中的表现，探索这些指标如何受到外部环境与内在模型优化的双重影响。除了传统的线性回归分析方法，本书还引入更先进的相对估值框架，并结合随机占优理论，为财务比率估值的研究注入新的活力。

需要特别指出的是，本专著的三个章节并非传统意义上专著书籍中的三个章节，而是源于作者的论文集 *New Insights into Equity Valuation Using Multiples* 中独立且关联度很高的三篇文章。这三篇文章分别从不同角度深入探讨财务比率估值的理论与实践，彼此独立成篇，同时又围绕核心主题形成紧密的逻辑联系。通过将这三篇论文整合为一书，作者旨在为读者提供一个更加系统且多维的视角，以理解财务比率估值领域的最新进展。

研究发现，当今资本市场对财务比率估值的依赖呈现出复杂多变的动态特征。一方面，市盈率、市净率等经典指标的估值精度正在下降，该现象在大型企业中尤为显著；另一方面，新兴的估值方法在提升传统指标适用性方面展现出巨大潜力。通过深入分析，本书提出了对这些方法的优化建议，为未来相关领域的研究与实践提供了方向指引。

无论是对于专业投资者、政策制定者，还是学术界的研究人员，本书的结论都会提供宝贵的启示。通过揭示财务比率估值方法的深层规律，我们希望帮助相关领域的从业者更全面地理解资本市场的运行机制，并为现代金融理论与实践的进一步发展做出贡献。

作　者

2025年2月

目　录

盈利与账面价值相关性分析：
基于全新相对估值框架的分析

本书提出并详细探讨了一套全新的相对估值框架，用于追踪和评价随时间变化的盈利与账面价值的相关性。在该框架中，盈利或账面价值的相关性度量是应用市盈率（P/E）或市净率（P/B）估值的精确程度。财务比率估值的精准度近年来呈下降趋势，这意味着公司公开财务信息与市场价值之间的相关性随时间逐渐降低。

为了使该相对估值框架更加易于在实践中操作，我们优化了财务比率估值的实施过程，以实现在其他参数保持不变的情况下尽可能提升估值的精确度。我们认为随机占优理论为衡量和比较不同股权估值方法的精确度提供了更加符合真实世界的统计评价框架。

应用该全新的相对估值框架，我们发现市盈率和市净率的估值精确度自1990年之后逐年下降，而且这种现象主要集中在大型公司。在价值相关性的相对估值框架中，我们将该发现解释为自从20世纪90年代初至今大型公司盈利和账面价值的价值相关性显著减少的证据。

一、引言

会计信息价值相关性随时间发生改变的现象是资本市场和会计信息价值等研究领域持续被学术界和业界所关注的主题。在学术研究中，为了深入探索会计信息价值相关性随时间发生变化的解释，Francis and Schipper（1999）确定了四种主要的评价方法。在研究价值相关性发展的框架中，这四种方法中最常见的是财务信息（即会计变量信息）与股票价格或收益之间的关联（详情请见 Francis and Schipper（1999）的解释四）。这种对价值相关性的特定解释允许基于两个主要选择方法进行不同的操作化过程。首先，研究人员需要选择一种估值方法来表述市场价值和财务信息之间的关系。其次，研究人员需要定义一个价值相关性的衡量标准。价值相关性的发展是根据所提出的衡量标准随时间发生演变进而推断出来的。截至目前，第一个问题最常见的选择是基于 Ohlson 的会计基础估值模型（剩余收益模型，Residual Income Model），即财务信息和市场价值之间存在的线性关联。为了研究一种特定类型的会计信息是否与市场价值显著相关，人们通常会将价格对会计数据进行线性回归，并评估单个回归系数的显著性水平和或回归模型的解释力。

本书的目的是探讨使用相对估值框架作替代以线性回归为主要工具评估框架是否可行。在相对估值框架中，会计变量与价值之间的关系是通过基于相应比率的相对估值过程建立的。盈利或账面价值的相关性反映在市盈率（P/E）或市净率（P/B）估值的精确度中。相关性的损失将通过财务比率估值精确度随时间的减少来衡量。

为了使这种方法可操作，首先需要优化财务比率估值的实施。最佳选择能够让我们得到最精确的估值情景，而系统性误差不会因为方法实施的细节而变化。

财务比率估值方法根据来自利润表或资产负债表的财务指标（所谓的价值驱动因素）与相应比率（基于一组可比公司的股价与价值驱动因素的比率）的乘积来估算公司股票价格。财务比率估值方法的基础是一价定律：完美替代品应该有相同的价格。

尽管理论上利用财务比率对股票进行估值存在各种优势，但该估值方法的实施是一个较为复杂的过程。实施财务比率估值需要对三个关键参数进行选择，而且如何确定这些参数并没有明确的指导。首先，是要确定定价的财务指标。这个选项一般在收入、盈利或账面价值的指标中定性选定。那么，财务比率就是该财务指标每单位的市场价格。其次，是如何确定待定价公司的替代公司，即与目标公司相似的可比较公司，该选择包括两个方面：同行业可比较公司的选定标准以及可比公司集合的规模。替代公司通常是同行业的公司，或具有相同风险、增长或现金流等特征的公司，或这些标准的交集。确定替代公司集合规模的过程是一个定性决定的过程。最后，我们还需要确定推断统计量的选择，该统计量能够让我们从同行的比率推断出待定价公司的财务比率。常见选择是算术平均值、中位数或调和平均值。

因此，本书的第一个目标是根据估值的精确度来优化这些选择，是否进行优化取决于一个基于随机占优理论的新的整体精确度衡量标准。通过对市盈率（P/E）和市净率（P/B）比率估值精确度的详细分析来说明方法论的改进，这些比率在构建价值相关性的相对估值框架中将发挥关键作用。

当所有参数选择都达到最优化并且存在一个全面的估值精确度衡量标准时，我们就可以使用相对估值框架来探索价值驱动因素的价值相关性。本书的第二个目标是通过部署相对估值方法，以追踪盈利和账面价值的价值相关性的发展趋势。我们引入的相对估值框架提供了一个替代线性回归方法的选择，而应用线性回归模型进行价值相关性研究时存在若干计量经济学上的弱点（Brown，Lo，and Lys，1999；Easton and Sommers，2003；Gu，2007）。

我们提出的方法论调整旨在改进财务比率估值的具体实施过程。需要明确的是，评价估值方法的表现并非以挑选被错误定价股票为最终目的；而是在于基于财务比率估值的理论价格与实际交易价格的接近程度。

我们进行这些调整的动机源自观察到现有文献并未充分解决此类估值方法的两个重要方面。第一方面是对使得财务比率估值表现最佳的操作标准进行选择，尤其是关于同行业可比较公司的数量选择对估值精准度影响的研究尚属空白领域。第二方面则是关于对估值模型精准度的评估。诸如“何为全面的精准度衡量?”以及“如何全面测试不同估值方法的相对表现?”等基本问题并没有得到较为全面的答案。现有文献仅使用关于估值误差的部分信息来讨论精确度：特定的误差分布统计数据，如中位数、四分位数范围、标准差或两个分位数之间的差异，或特定的累积估计概率被用来评估和比较估值精准度表现。统计测试基于对表现度量的临时选择。例如，Alford（1992）、Cheng和McNamara（2000）使用了中位数绝对预测误差，而Liu、Nissim和Thomas（2002），Liu、Nissim和Thomas（2007）使用了四分位数范围。

因此，我们对财务比率估值文献有两个重要的贡献。首先，我们系统地研究了所有关键实施参数的选择对财务比率估值精度的影响。我们提出了一套检验方法，用以确定选择可比公司集合中的公司数量规模的最优解。我们系统研究了从可比公司的财务比率中构建目标比率的方法对精确度的影响。其次，我们构建了一套全新的估值精准度评估框架，该框架能够对估值精准度表现进行更加全面的评估。我们认为随机占优理论能够为度量和比较股权估值的精准度提供了更加正确的统计推断信息。同时，随机占优还可以被用来确定每种同行选择方法，选取最优可比公司的数量，以及比较不同估值方法的定价相对误差的整体分布。随机占优框架能够在固定估值方法的相对或绝对性质的前提下，对估值方法的相对表现进行更为严格的检验。

我们发现估值的精确度受到所选择的比率和同行选择标准的影响。对于给定的比率/同行选择标准，明智的同行选择标准/比率的选择可以提高估值表现。我们惊讶地发现用于估值的可比公司的最佳数量是特定于同行选择标准的，而且与选择何种财务比率无关。对于给定的标准，考虑用于估值的同行集合大小的最佳选择不依赖于比率，使用调和平均数来构建目标比率只能略微提高估值的精确度。

我们发现市净率（P/B）比率的表现与广受欢迎的市盈率（P/E）比率是非常接近的。尽管该发现区别于以往的研究，但却符合最近关于账面价值重要性的理论和实证文献。与最近的财务比率估值文献一致，我们发现行业成员资格并不是选择可比公司的最有效标准。相对而言，盈利增长或盈利增长与公司规模或行业的结合是更好的同行选择标准。

关于可用财务比率估值的方法论改进为盈利和账面价值的价值相关性问题提供了新的视角。正如前文所述，大多数研究通过使用线性回归将价值与财务信息联系起来，并将回归模型的解释力作为价值相关性的衡量标准来研究价值相关性随时间的变化，如Collins、Maydew和Weiss（1997），Francis和Schipper（1999），Ely和Waymire（1999），Lev和Zarowin（1999），Dontoh、Radhakrishnan和Ronen（2004），Kim和Kross（2005）。

然而，最近的文献指出，在价值相关性研究中使用回归模型的解释力存在几个计量经济学领域的挑战。Brown等（1999）指出，在价格回归中存在的规模效应会错误增加解释变量的解释力。因此，不同时间段样本之间的可决系数差异可能是由规模因素的差异造成的，而不是价值相关性的变化。Gu（2007）认为，规模效应不是解释力在样本之间不可比的唯一原因，也不应该用来衡量价值相关性的发展。他指出，即使两个样本中的可观测的经济关系完全一致，二者的可决系数也可能是不同的。

关于度量财务变量与市场价格随时间发生变化的相关性问题，文献中提出的价值相关性衡量方法非常有限，而且方法均局限于线性回归框架内。其中最广为人知的是Gu（2007）使用价格回归计算市场价格的残差离散度，同时适当控制规模作为替代衡量方法，从而发现了自20世纪80年代以来关键财务变量的价值相关性稳步下降的现象。

本研究对价值相关性方面的文献存在两方面的贡献，主要针对在研究财务信息与股价之间关联（请见 Francis and Schipper（1999）中的解释四）时，研究者需要面临的两个关键选择：第一，我们通过研究相对估值框架作为价格和收益回归的替代方案的可行性。在该相对估值框架中，盈利或账面价值的相关性是通过市盈率（P/E）或市净率（P/B）估值的精确度来衡量的。财务指标价值相关性的降低能够通过财务比率估值精确度随时间发生的变化推断出来。而且，相对估值框架能够显著降低线性回归方法所具有的规模效应。迄今为止，唯一使用估值框架的参考文献是 Chang（1998），文章基于折现剩余收入估值模型评估价值相关性，并发现盈利和账面价值的综合相关性随时间而减少。第二，我们基于随机占优的理论，提出了一种更高效的价值相关性衡量方法。借鉴 Gu（2007）的观点，在清除相对估值框架识别的系统性成分后，估值偏差的分布可以明确地衡量经济关系的可解释水平。这意味着只要经济关系不变，估值偏差的分布应该保持一致。较低的估值偏差意味着财务指标与市场价格之间的经济相关程度更强，反之，较弱的经济相关程度将导致更高的估值偏差。Gu（2007）提出将估值偏差的标准差作为相关性的衡量指标，并根据估值偏差标准差的时间演变来推断价值相关性的发展。我们提出的基于随机占优理论的衡量标准比仅仅应用标准差衡量要更加准确，也更加全面，因为随机占优的比较能够对价值相关性的变化进行准确的统计检验。

具体来说，我们分析了美国市场从1968年至2012年的市盈率和市净率的估值精确度的演变趋势。通过相对估值框架，我们发现这两种财务比率估值方法的整体精确度性已经下降。结合相对估值框架的特定含义，估值精确度下降可以被解读为盈利和账面价值的价值相关性减少。样本结构的变化或规模效应可能是导致估值精确度显著降低的原因，而我们的研究进一步表明估值精确度的下降并非由样本结构变化引起的。小型公司、大型公司或报告一次性项目的公司的结构变化对估值精确度下降没有显著影响。通过基于相对估值误差的分布来控制规模效应，即根据价格水平对定价误差进行标准化，获得可比的价值相关性度量标准。与价格回归相比，我们发现相对估值框架的规模效应非常弱，几乎可以忽略不计。因此，我们观测到的估值精确度下降似乎是真实存在的，同时还发现估值精确度的下降主要发生在大型公司。虽然精确度下降似乎始于20世纪70年代中期，但数据表明该下降趋势在1990年后才变得更加明显。在价值相关性的相对估值框架中，该发现可以被解释为在过去25年中，大型公司盈利和账面价值的价值相关性显著减少。

本书提出的相对估值框架还可以应用于估计已知因素对盈利和账面价值的价值相关性的影响。例如，Collins等（1997）发现这些因素包括无形资产投资、非经常性项目和公司规模。历史文献研究表明，对于较小的公司，账面价值在估值中相对于盈利的重要性更高。与这些文献一致，我们同样发现小型公司与大型公司之间的市盈率（P/E）估值精确度差距比市净率（P/B）估值更大。我们还发现小型公司与大型公司之间市净率估值精确度差距呈现递增的趋势。在样本的初期，市净率估值精确度差异（大公司更加精确）几乎不存在且不具有统计学意义，但在样本末期，精确度差异变得异常显著。而市盈率的精确度一直存在较为显著的差异，而且在样本末期精确度差异远高于样本初期。

Lev（1997），Amir和Lev（1996），以及其他文献认为，服务行业和高科技行业的公司更倾向于投资无形资产（例如，研发、人力资本和品牌发展），在对这类公司进行估值时，传统会计信息对市场参与者的信息价值有限。基于本书提出的估值框架，我们得到了颗粒度更加细腻的发现：尽管利用财务比率对这些大量投资于无形资产的公司进行估值会低估其市场价值，但其估值精确度与其他公司的差异在大多数情况下几乎相似。唯一的例外是在互联网泡沫期间，使用财务比率对投资无形资产公司进行估值的精确度明显低于其他公司。

与之前的研究发现一致，报告一次性项目将会使公司盈利更“短暂”，因此财务信息向投资者传达的信息较少。我们提供的证据还表明，报告特殊项目的公司的市盈率估值不如那些盈利中不包含“短暂成分”的公司精确，这种差异在2000年后不再显著。市净率估值在这两类公司之间没有显示出显著的准确性差异。

本书的其余部分结构安排如下：第二部分描述了方法与工具，第三部分讨论了实证分析的数据，第四部分展示了分析过程，第五部分为结论。

二、方法与工具

（一）价格预测

对于定义为实际股票价格 $P_{i,t}$（即公司 i 在年份 t 的实际股价）与会计变量 $Acc_{i,t}$（作为比率分母中的公司价值）之间比率的比率，预测价格 $\hat{P}_{i,t}$ 的计算公式如下：

$$\hat{P}_{i,t} = Acc_{i,t} \times \hat{P}_{i,t,C} \tag{1.1}$$

其中，$\hat{P}_{i,t,C}$ 是目标公司 i 在时间 t 基于一组可比公司（同行）估计的比率。在实践中，比率通常被估算为同行比率的中位数。鉴于最近学术文献（Baker and Ruback，1999；Liu et al.，2002）记录了使用调和平均数作为中位数替代的精确度提升，我们考虑了这两种定义[①]：

$$\widetilde{\left(\frac{P}{Acc}\right)}_{i,t,C} = \begin{cases} median_{j\in C}\left\{\dfrac{P_{j,t}}{Acc_{j,t}}\right\} \\ or \\ harmonicmean_{j\in C}\left\{\dfrac{P_{j,t}}{Acc_{j,t}}\right\} \end{cases} \tag{1.2}$$

本书考虑的价值驱动因素是盈利和账面价值。

（二）选择可比公司

根据常见的实证文献（Alford，1992；Cheng and McNamara，2000），目标公司的同行集合是基于业务线的相似性来构建的，此相似性通过行业代码（SIC）来衡量；同时，也基于风险的接近性来构建，此风险通过总资产或股本回报率（ROA/ROE）衡量的盈利增长来衡量。总资产/股本回报率则衡量了公司利用股东资本生成利润的能力。选择风险相近的公司通常会比较这些财务指标，以确保所选的同行在财务稳健性和成长潜力上与目标公司相似。除了上述三个标准，我们还考虑了以下三个交叉点：行业与规模、行业与资产回报率以及规模与股本回报率。

除了选择标准之外，同行集合的规模是实施任何财务比率估值时需要选择的另一个参数。在本书的最后讨论了选择最佳同行数量的问题。选择多少同行数量进行比较是一个需要根据具体情况来确定的决策。选择太少的同行数量可能无法提供足够的市场信息，而选择过多

① 下文分析部分包含了关于使用调和平均数定义比率估计时准确度提升大小的简短讨论。虽然我们呈现的定量结果是基于应用调和平均数定义的比率进行定价（因为它更精确），但我们的定性发现对于比率估计方法的选择是稳健的。此外，与财务比率估值的整体精确度不足相比，使用调和平均数估计器带来的精确度提升是小的。

的同行数量则可能引入不必要的噪声。

（三）精准度评估

由于我们关注的是衡量和比较预测目标公司股票价格的准确性，因此自然的表现指标是相对（百分比）预测误差。

在使用给定的比率m和选择可比公司时采用的给定标准c预测公司i在年份t的股票价格时，相对（百分比）误差[①]的定义如下：

$$E_{i,t}^{m,c}=\frac{\hat{P}_{i,t}^{m,c}-P_{i,t}^{m,c}}{P_{i,t}^{m,c}} \tag{1.3}$$

其中，$P_{i,t}^{m,c}$是目标公司i在年份t的实际股票价格，而$\hat{P}_{i,t}^{m,c}$是基于比率m和由标准c选择的可比公司预测的股票价格，如公式（1.1）所定义。这些比率包括市盈率（P/E）和市净率（P/B），选择可比公司的标准则包括行业（I）、总资产（TA）、股本回报率（ROE）以及这些标准的组合（I+TA，I+ROE，TA+ROE）。基于企业价值的比率计算，需从预测的公司价值中去除债务，以获得预测的股票价格。

在接下来的讨论中，通过上述公式定义的量将被称为估值（相对）误差或预测（相对）误差。我们强调，本研究的目标是预测实际的股票价格，这一术语并不意味着市场未能恰当地对目标公司进行估值。我们的重点在于评估比率估值方法与市场价格的接近程度。然而，根据上述定义，较大的相对误差可能暗示目标公司存在错误定价（Mispricing）。这一问题将是后续研究的主题，并将在其他地方进行详细探讨。

---

① 为了避免显示内容的混乱，图表（以及表格）中始终显示相对误差，而在结果讨论中则主要使用更直观的百分比误差术语。相对误差为-0.1对应的百分比误差为-10%，即低估10%；相对误差为0.5对应的百分比误差为50%，即高估50%；以此类推。

（四）随机占优——一个总体表现指标

假设我们考虑两个分布 X 和 Y，它们分别由累积分布函数 F_X 和 F_Y 表征。对于任意参数 e，若分布 Y 在一阶意义上随机占优于分布 X，则有：

$$F_X(e) \geqslant F_Y(e) \tag{1.4}$$

对于我们的目的来说，这一定义需要逆序判别[①]。为了保持直觉性，如果对于所有误差 e，有 $F_X(e) \geqslant F_Y(e)$，我们将称估值方法 X 优于估值方法 Y（记为 $X \geqslant Y$）。这里的 F_X 和 F_Y 分别表示方法 X 和方法 Y 的绝对百分比估值误差 $|E|$ 的累积分布函数。在这种情况下，我们会更倾向于选择方法 X 而不是方法 Y。

如果 e 表示一个绝对相对误差，例如 20%，则定义中的不等式 $F_X(e) \geqslant F_Y(e)$ 意味着使用方法 X 估值的公司中有 20% 以内误差的公司比例大于或等于使用方法 Y 估值的公司比例。换句话说，方法 X 比方法 Y 能更精确地估值（这里的精确性指绝对误差小于 e）。如果方法 X 优于方法 Y，则无论我们选择何种误差水平，方法 X 总能比方法 Y 提供更高的精确度。

不等式（1.4）意味着两个分布的相应百分位数之间存在明确关系。对于 $p \in [0,\ 1]$，如果方法 X 优于方法 Y，即不等式（1.4）成立，则 X 分布的 $(p \times 100)\%$ 百分位数定义为 $F_X^{-1}(p)$，有：

$$F_X^{-1}(p) \leqslant F_Y^{-1}(p) \tag{1.5}$$

对于所有 $p \in [0,\ 1]$，即 X 的所有百分位数都小于或等于 Y 的相应百分位数。特别是，方法 X 的中位数绝对百分比误差小于方法 Y 的中位数绝对百分比误差。

---

① 该定义适用于统计量数值越小越好的情况。例如在研究贫困问题时，更低的贫困率意味着更优情况。在本书中，较小的统计量数值意味着更高的精确度。

表 1-1　**统计占优的度量**

关系	$dm(X,Y)=$	含义
$X>Y$ 或 $F_X(e)>F_Y(e)$	$\sup_e(F_X(e)-F_Y(e))>0$	方法 X 比方法 Y 更精确
$X<Y$ 或 $F_X(e)<F_Y(e)$	$\inf_e(F_X(e)-F_Y(e))<0$	方法 Y 比方法 X 更精确
$X=Y$ 或 $F_X(e)=F_Y(e)$	0	方法 X 与方法 Y 同样精确
两种方法均不占优	无定义	两种方法无法进行比较

注：该表格定义了两种估值方法 X 和 Y 之间的支配度量 $dm(X,Y)$。F_X 和 F_Y 分别表示方法 X 和 Y 的绝对估值误差 $|E|$ 的累积分布函数（CDF）。

表 1-1 解释了优势关系的含义，这是我们比较估值准确性的主要工具。我们认为，应用于绝对百分比误差 $|E|$ 分布的优势概念（如表 1-1 所定义）能够最全面地比较不同估值方法的准确性。在会计文献中，通常使用特定的统计数据来衡量不同方法的准确性。一些作者会考虑绝对百分比误差 $|E|$ 的分布。Alford（1992）指出，不同方法的准确性通过绝对误差 $|E|$ 的中位数和 90% 分位数来衡量。Cheng 和 McNamara（2000）也使用这两个分位数进行比较。Kaplan 和 Ruback（1995），Kim 和 Ritter（1999），Gilson、Hotchkiss 和 Ruback（2000），Lie 和 Lie（2002），则关注“误差小于 15% 的比率”，即绝对百分比误差 $|E|$ 的 15 百分位数。优势概念将这些方法进行了概括：如果方法 X 优于方法 Y，则 X 的所有百分位数都小于 Y 的相应百分位数。特别地，

方法X的绝对百分比误差的中位数、15%分位数或90%分位数都小于方法Y的相应值。

其他作者基于百分比误差E的分布进行比较。Liu等（2002）、Liu等（2007）关注“作为主要离散度量的四分位距”。不难看出，百分比误差分布的四分位距可以表示为绝对百分比误差分布的两个分位数之和[①]。因此，比较两个形状大致相同的误差分布的四分位距，等同于比较相应绝对百分比误差分布的两个分位数之和。优势概念同样概括了这种方法：如果方法X优于方法Y，则X的所有百分位数都小于Y的相应百分位数。因此，方法X的任何两个分位数之和都将小于方法Y的相应值之和。特别地，方法X的四分位距将小于方法Y的四分位距。

在实际操作中，在比较两个估值方法X和Y的准确性之前，需要估计相应的绝对百分比误差$|E|$的累积分布函数F_X和F_Y，并考虑统计误差。具体的方法论细节在本书附录A中详述。

（五）最佳同行数量

接下来我们讨论选择最佳可比公司的数量。对于由一个成对的财务比率估值方法(m, c)定义的财务比率和同行选择标准，记$F_k^{m,c}$为当使用方法c选择出的k个同行来构建财务比率时的定价误差$|E^{m,c}|$的累积分布函数（Cumulative Density Function用于描述随机变量取值小于或等于某一特定值的概率，在估值中，累积分布函数用来描述定价误差的分布情况）。用于估计财务比率的最佳可比公司数量k_{opt}[②]定义如下条件：

$$F_{k_{opt}}^{m,c} \geqslant F_k^{m,c} \text{ for all } k \neq k_{opt} \quad (1.6)$$

① 如果分布是对称的，则四分位距是中位数绝对误差的两倍。
② 注意：最佳k_{opt}可能不是唯一的。

换言之，使用 k_{opt} 个同行（即最佳可比公司数量）来估计财务比率的（m，p）估值至少与使用相同的成对（m，p）但具有不同同行集合大小的任何其他估值一样准确。使用上一节介绍的支配概念，这一条件转化为：

$$dm\left(F_{k_{opt}}^{m,\ r},\ F_{k}^{m,\ r}\right) \geqslant 0 \quad for\ all\ k \neq k_{opt} \tag{1.7}$$

估计过程始于估计误差分布的累积分布函数。误差分布指的是估计值与实际值之间差异的分布情况，误差分布在财务估值中用于衡量估值方法的准确性和可靠性。我们需要将公式（1.7）中的表达式转化为可操作的形式，详细信息见本书附录B。

三、数据

财务数据取自1968—2012年间的96 598份财务年度报告。样本包含从CRSP/Compustat Merged数据库（该金融数据库被广泛应用，包含了美国上市公司的股票价格和财务数据，其中，CRSP数据库提供证券价格数据，而Compustat提供公司财务报表数据）中的所有年度报告（初始样本量为372 647份），通过删除所有符合以下条件的公司/年份获得的：

1.标准工业分类代码（SIC代码是用于分类企业所属行业的系统，在财务和经济研究中，SIC代码用于识别和分析不同行业的公司）在6 000到6 799之间（金融、保险和房地产部门）。

2.构建财务比率估值和定义可比公司所需的8个变量中至少有一个值缺失。

3.由于分母是零而导致的财务比率为无穷大。

4.财务比率估值为负数。

5.财务比率估值在相应财务比率估值的最大和最小1%的观测值之中。

6.在一年中，同行业公司的数量少于50。

更多关于样本的详细信息请参见本书附录E。

四、分析

（一）财务比率估值的实施与准确性评估

在该部分中，我们应用了在第二部分中讨论的关于实施财务比率估值及评估其准确性的改进方法，为评估相对估值分析中的收益和账面价值的价值相关性做出以下准备。

1.最优可比公司数量的选择

财务比率估值的值以及预测价格不仅取决于同行选择的标准，如行业、风险、收益增长，而且取决于所选可比公司集合的大小。据我们所知，文献中尚无系统研究对同行集合大小选择进行定量动机分析。Cheng和McNamara（2000）通过考察绝对估值误差分布的均值和标准差，讨论了对行业中公司数量限制对估值准确性的影响。然而，他们并未讨论其他同行选择方法中同行集合大小的问题。本书通过对所研究的六个同行选择标准进行系统研究，改进了他们的分析。

图1-1展示了同行数量对财务比率构建中估值准确性影响的分析结果。对于每一个财务比率和每一种同行选择方法，它展示了中位数绝对误差作为估值中使用的可比公司集合大小的函数。中位数绝对误差（Median Absolute Error）指的是预测值与实际值之间绝对差异的中位数，用于衡量估值方法的准确性。该图提供了关于最佳同行集合大小选择的整体概念，最佳选择的统计动机详见本书附录B。

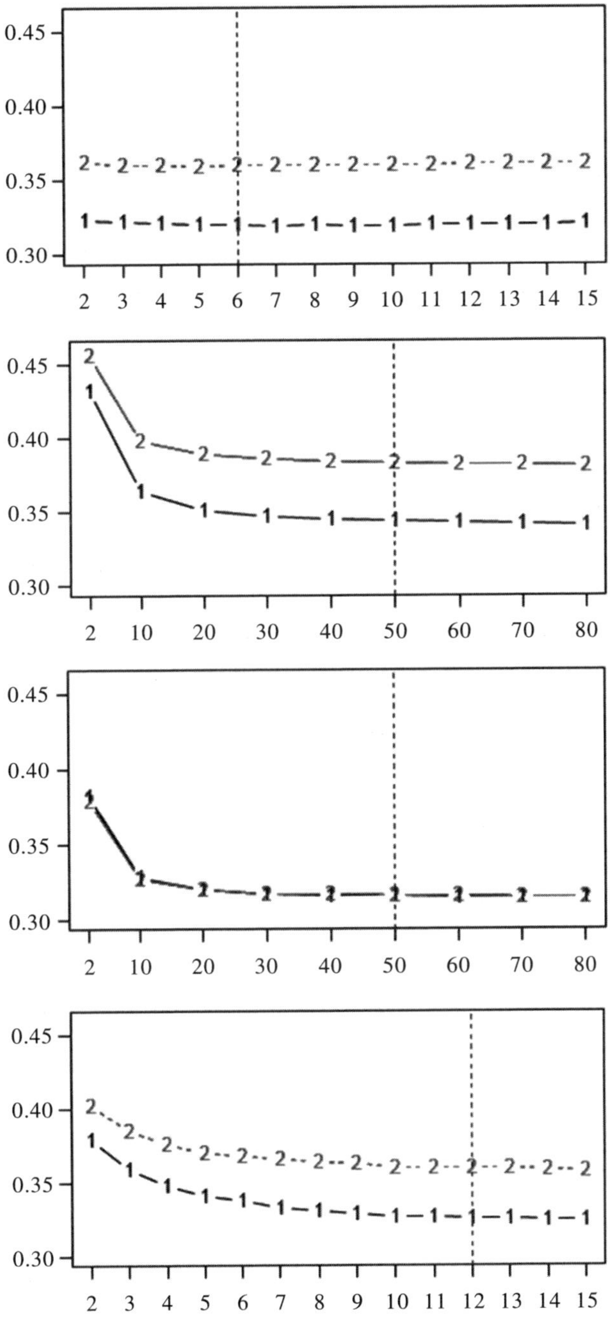
0.45
0.40
0.35
0.30
2 3 4 5 6 7 8 9 10 11 12 13 14 15
0.45
0.40
0.35
0.30
2 10 20 30 40 50 60 70 80
0.45
0.40
0.35
0.30
2 10 20 30 40 50 60 70 80
0.45
0.40
0.35
0.30
2 3 4 5 6 7 8 9 10 11 12 13 14 15

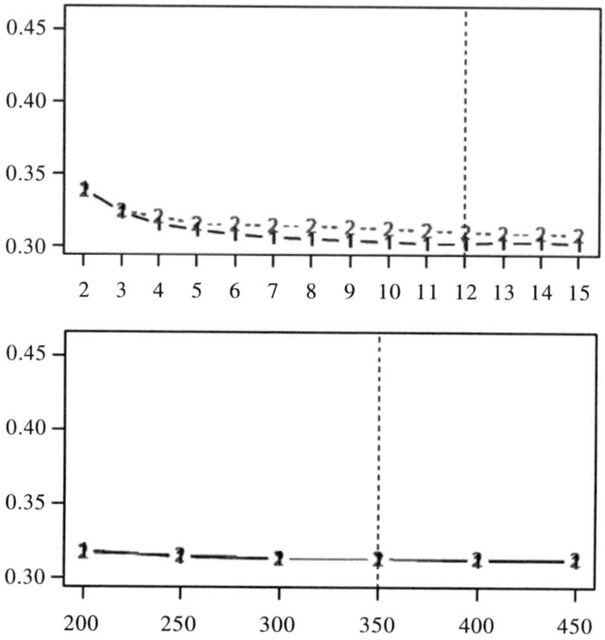

图 1-1　中位数绝对相对定价误差 E（定义见公式（1.3））

作为用于构建财务比率的同行数量的函数

注：上图分别报告了使用六种同行选择方法之一进行估值时的两条中位数绝对误差曲线：第一行：I（左），TA（右）；第二行：ROE（左），I+TA（右）；第三行：ROE+I（左），ROE+TA（右）。这些曲线编号如下：(1) - 市盈率（P/E），(2) - 市净率（P/B）。图显示了所有财务比率（及给定的同行选择方法）的相同模式，垂直线表示最佳同行数量 k_{opt}。

图 1-1 中的图形显示，适当选择可比公司集合的大小对于公平比较不同方法的表现至关重要。图 1-1 中的每个图形均报告了两条中位数绝对误差曲线，分别对应使用六种同行选择方法中的一种进行的估值。注意，函数的形状不依赖于财务比率。因此，最佳可比公司数量将仅取决于同行选择方法，而不取决于所使用的财务比率。每个图形中的垂直线指示了每种同行选择方法的最佳同行数量，详见本书附录

B的解释。图形显示了I、TA和I+TA标准的财务比率的中位数绝对误差的一致排序，其中P/B显示了较高的中位数绝对误差。对于其他标准，两条曲线非常接近。

接下来我们总结本书附录B中详细描述的最佳同行数量的统计实现结果。对于基于行业的同行选择标准，选择同行数量 k' 在3到9之间的精度相同，而选择超过10个同行则效果不佳。Alford（1992）使用 $k = 6$，而Cheng和McNamara（2000）发现他们的数据集在 $k = 7$ 时中位数绝对误差最小。我们的分析使用的最佳值为 $k^I = 6$。

对于TA和ROE标准，最佳的同行数量选择为 $k^{TA} = k^{ROE} = 50$。在TA和ROE标准下，当我们选择30家或40家同行业公司作为可比公司集合时，估值精度都显著低于选择50家同行业公司。值得一提的是，Cheng和McNamara（2000）选择了 $k^{TA} = k^{ROE} = 6$，这一数值远非最佳。这些选择很可能降低了他们研究中基于ROE的估值表现。特别是对于P/E财务比率，他们发现基于ROE的估值表现较差，仅次于TA。与他们的发现相反，我们记录了（P/E，ROE）这一组合的优越表现。这一组合是五种最准确的估值方法之一。

对于TA+I和ROE+I标准，我们的最佳选择是 $k^{TA+I} = k^{ROE+I} = 12$，当我们选择10家同行业公司作为可比公司集合时，估值精度都显著低于选择12家同行业公司。开始于10的范围内产生的估值精度与我们选择的方法相同。最后，对于ROE+TA同行选择方法，最佳选择是 $k^{TA+ROE} = 350$。对于 k 小于250的值，估值精度明显低于我们的选择，而从300开始的范围产生的估值精度与我们的选择相同。

在总结之前，我们需要注意，关于需要解释的六个同行选择标准中的两个同行集合大小的详细信息，见本书附录C。所有后续报告的结果均基于本书解释的最佳同行数量选择。

2.绝对估值误差$|E|$的描述性统计量

表1-2描述性统计数据展示了所研究的12种（2种财务比率×6种同行选择方法）估值方法的绝对百分比误差分布。

表1-2　　12种估值方法的绝对百分比误差分布

序号	比率	标准	中位数				调和平均数			
			25%分位数	中位数	75%分位数	90%分位数	25%分位数	中位数	75%分位数	90%分位数
1	P/B	ROE+TA	0.14	0.31	0.53	0.78	0.15	0.31	0.52	0.72
2	P/B	ROE	0.15	0.31	0.54	0.80	0.15	0.31	0.52	0.73
3	P/E	ROE+I	0.13	0.30	0.55	0.86	0.14	0.30	0.52	0.77
4	P/B	ROE+I	0.14	0.31	0.54	0.83	0.14	0.31	0.52	0.74
5	P/E	ROE	0.15	0.31	0.54	0.84	0.15	0.31	0.52	0.75
6	P/E	ROE+TA	0.14	0.31	0.54	0.81	0.14	0.31	0.53	0.76
7	P/E	I	0.14	0.32	0.59	0.89	0.14	0.31	0.56	0.83
8	P/E	I+TA	0.14	0.33	0.61	0.92	0.15	0.32	0.57	0.84
9	P/E	TA	0.16	0.35	0.61	0.90	0.16	0.34	0.58	0.84
10	P/B	I	0.17	0.37	0.63	1.04	0.17	0.36	0.59	0.83
11	P/B	I+TA	0.17	0.37	0.64	1.06	0.17	0.36	0.60	0.84
12	P/B	TA	0.19	0.39	0.65	1.01	0.18	0.38	0.62	0.84

注：顺序与表1-3中的一致。前六种财务比率和同行选择组合的中位数绝对误差在统计上是相等的。所有其他组合的中位数绝对误差显著更高。

表1-2给出了研究中36种（6种财务比率×6种同行选择标准）

估值方法的绝对百分比误差分布的中位数和90%分位数（通过中位数和调和平均数进行比率估值）。为了便于讨论结果，顺序与表1-3中呈现的支配分析一致。表中的数值可以直接与Alford（1992）、Cheng和McNamara（2000）的结果进行比较。表1-2中的离散统计量大于Alford（1992）、Cheng和McNamara（2000）中的相似统计量，反映出我们的样本更大这一事实。

相等中位数绝对百分比误差的假设检验表明，表1-2中前六种财务比率和同行选择组合的中位数绝对误差在统计上是相等的。所有其他组合的中位数绝对值显著更高。虽然比较中位数绝对误差是性能评估的良好起点，但可以使用更全面的比较标准。在后续内容中，我们将介绍比较误差分布整体的支配分析，从而清晰地展示不同估值方法的总体表现。

3.统计占优分析

表1-3　**基于市盈率（P/E）和市净率（P/B）财务比率的估值方法的统计占优排序**

	比率	同行	1	2	3	4	5	6	7	8	9	10	11	12
1	P/B	ROE+TA	=											
2	P/B	ROE	=	=										
3	P/E	ROE+I	$\frac{2}{-1}$	$\frac{2}{-2}$	=									
4	P/B	ROE+I	1	=	$\frac{1}{-1}$	=								
5	P/E	ROE	2	1	2	=	=							
6	P/E	ROE+TA	2	2	1	=	=	=						
7	P/E	I	5	5	3	4	4	3	=					

	比率	同行	1	2	3	4	5	6	7	8	9	10	11	12
8	P/E	I+TA	6	6	4	5	5	4	=	=				
9	P/E	TA	6	6	5	6	5	5	3	2	=			
10	P/B	I	7	8	8	7	7	7	5	5	3	=		
11	P/B	I+TA	8	8	8	8	7	7	6	5	3	=	=	
12	P/B	TA	10	10	10	10	10	10	8	8	5	3	3	=

注：表格中的每个位置（i，j）表示支配度量 $dm\left(F_j,\ F_i\right)$ 的值（定义见公式（1.10）），其中 F_i 是表的前两列中排名中的第 i 对（财务比率，同行选择）。表格中第七行第二列（7，2）的数值 5 表示组合（P/B，ROE）（第二行所对应的组合）支配组合（P/E，I）（第七行所对应的组合），并且两种方法的绝对相对定价误差的累积分布函数（CDFs）之间的差异最多为 5%，即 $0 \leqslant F_2(e) - F_7(e) \leqslant 5\%$。第三行第一列（3，1）的数值 $\frac{2}{-1}$ 表示组合（P/E，ROE+I）（第三行所对应的组合）与（P/B，ROE+TA）（第一行所对应的组合）之间不存在显著的单向统计支配关系，并且 $-1\% \leqslant F_1(e) - F_3(e) \leqslant 2\%$。

表 1-3 给出了基于市盈率（P/E）和市净率（P/B）财务比率的估值方法的占优排序。表 1-3 中每个位置（i，j）代表支配度量 $dm\left(F_j,\ F_i\right)$ 的数值，其定义见公式（1.10）并在表 1-5 中解释。表中，F_i 是排名中的第 i 对（财务比率，同行选择方法），如表的前两列所示。我们注意到，在大多数成对比较中，可以建立一种支配关系。根据表 1-3 中的结果可以得出一些重要且明确的结论。

关于估值方法的发现：

第一个主要发现是，前六种估值方法总体上比其他方法表现出更好的精确度。它们中的许多方法同样精确其间差异甚微：组内支配度量的最大值为1%。此外，这六种方法的精确度至少比其他方法高出4%到5%。由于性能差异在实际应用中没有太大意义，因此，我们认为没有必要严格对这些方法进行分类。

虽然在后续内容中我们会讨论与文献中其他分类的关系，但我们认为，鉴于比率估值的总体低精度水平，这六种估值方法中的任何一种都能产生几乎同样精确的结果。鉴于这六种方法的相对优越性，以下讨论将主要围绕它们展开。

Cheng和McNamara（2000）发现（P/B，ROE+I）和（P/E，ROE+I）是最精确的方法，随后依次为（P/E，I）、（P/E，I+TA）、（P/B，ROE）和（P/E，ROE）。我们的结果扩展了他们的研究：表1-3包含了Cheng和McNamara（2000）所发现的最精确的六种方法，而且他们在统计占优的判别规则下精确度也排名靠前。但是，Cheng和McNamara（2000）没有考虑同行选择方法ROE+TA，而这种方法是在我们的分析结果中表现最佳的估值方法。我们发现，基于ROE标准选择同行的估值在估值精确度排名中较高，这可以通过我们在本书第四部分中的发现来解释。在Cheng和McNamara（2000）中，基于ROE相似性选择的同行数量（k=6）远低于我们在析中记录的最佳选择（k≥40），很可能导致他们基于ROE的估值的次优准确性。这一发现可以解释他们记录的基于ROE的估值表现较差。Liu等（2002）仅考虑了基于行业的同行选择。将考虑范围缩小到历史价值驱动因素，我们的结果扩展了他们的研究。将表1-3中的层次结构限制为基于行业的同行选择估值方法，估值精确度的排序与Liu等（2002）中的结果相似。

另一个值得注意的事实是，基于（P/E，I）组合的估值方法并不在最精确的方法之列。这种方法与表现最佳的估值方法之间的差异在统计上显著，统计占优度量为5%。

关于同行选择标准的发现：

基于股本回报率（ROE）标准的同行选择方法在估值精确度表现中排名第一，该选择方法被表现排名前六组估值组合采用。单独基于行业的同行选择方法表现排名并不高。结果表明，行业归属并不总是选择可比公司的有效标准，需要同时使用如收益增长等其他标准以确定同行的选择。

这些结果拓展了Cheng和McNamara（2000）中的发现，他们发现无论是P/E还是P/B财务比率，当与ROE+I同行选择标准配对时，比单独使用行业标准的估值更精确。作为推论，比较账面价值和收益这两种流行的会计价值驱动因素，我们发现，当与适当的同行选择方法配对时，市盈率与市净率在全样本中的估值表现同样准确。

4.从同行财务比率值构建目标财务比率的方法的影响

我们通过关于使用中位数或调和平均数构建财务比率的精度差异的备选方案，来结束对比率估值的实施和评估的讨论。图1-2展示了两种误差分布之间的典型关系。与中位数估计的财务比率相比，对应于调和平均数估计的误差分布具有优势。通过支配度量衡量的精度提升大约为2%，较为有限。

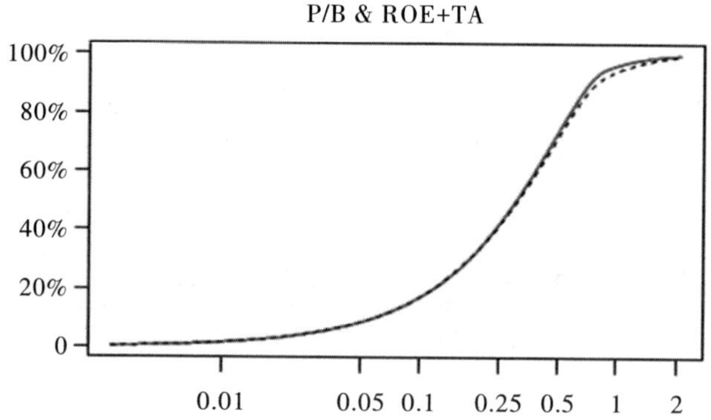

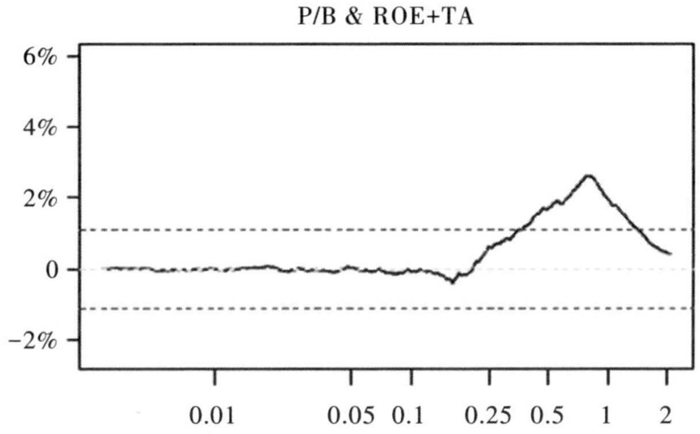

图1-2　估值组合（P/B，ROE+TA）的误差 *E*（对数转换）的累积分布函数（第一个图）及其差异（第二个图）的估计值

注：目标公司的财务比率计算为中位数（第一个图虚线）或为可比公司财务比率集合的调和平均数（第一个图实线）时的情况。对应于调和平均数估计的误差分布优于中位数估计的误差分布，通过支配度量衡量的精度提升大约为2%，较为有限。

（二）收益和账面价值的价值相关性相对估值框架

前几节的方法论发展为准确分析基于市盈率（P/E）和市净率（P/B）财务比率的相对估值方法适用性的时间演变奠定了基础。接下来，我们论证了相对公司估值准确性的变化可以被解释为收益和账面价值的价值相关性的变化。换句话说，我们在一个相对估值框架中将准确性分析视为会计信息价值相关性的框架。在这样的框架中，通过测试由财务比率估值得出的内在价值逼近观察到的市场价值的能力变化来评估价值相关性的变化。市盈率（P/E）和市净率（P/B）估值准确性的降低将分别被解释为收益和账面价值的价值相关性的下降。在去除系统成分之后，残差方差（或等效的残差标准差）直接衡量了经济关系中未解释的噪声水平。只要经济关系没有变化，因变量 y 的变化确实可以在不同的样本中有所不同。

由于本书中的许多分析具有时间维度，因此，大部分结果将以显示四条曲线的图形形式进行报告：绝对误差$|E|$的累积分布函数（CDFs）之间差异的最大值（上实线）和最小值（下实线）以及99%置信区间（见本书附录B）（虚线）。

（三）规模效应

在跟踪价值相关性变化的相对误差分布的发展过程中，隐含地假设定价误差与价格成正比，即估值误差可以通过除以价格进行标准化。然而，Gu（2007）指出，对于价格回归，标准化定价误差背后的比例假设是无效的，并且定价误差与规模之间的关系是非线性的。对于每种方法，我们将各年的估值误差绝对百分比汇总并根据价格升序分为十等分，进而检验比例假设的有效性以及估值误差如何受到规模变化的影响，并与价格回归的情况进行比较。图1-3为每个十分位绘制箱线图（箱线图是一种统计图形，用于显示数据集的分布情况，包括中位数、四分位数以及异常值等信息）。

可以注意到几点。首先，正如Gu（2007）所指出，价格回归（使用回归分析来研究价格与其他变量之间关系的方法，在财务分析中，常用于估值模型的建立和验证）确实存在规模问题，尤其在相对低的规模水平上尤为严重。对于低价格，绝对百分比误差比中高价格大得多。因此，较大的相对误差可能并不表示会计变量的价值相关性下降，而可能只是由于市场价格水平较低。价格回归的相对误差分布上显著的规模效应表明，这类误差的时间变化模式可能受到时间尺度变化的干扰。

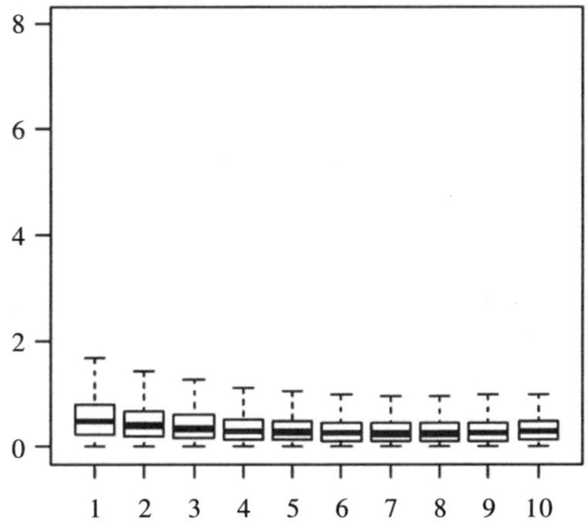

8
6
4
2
0
1 2 3 4 5 6 7 8 9 10

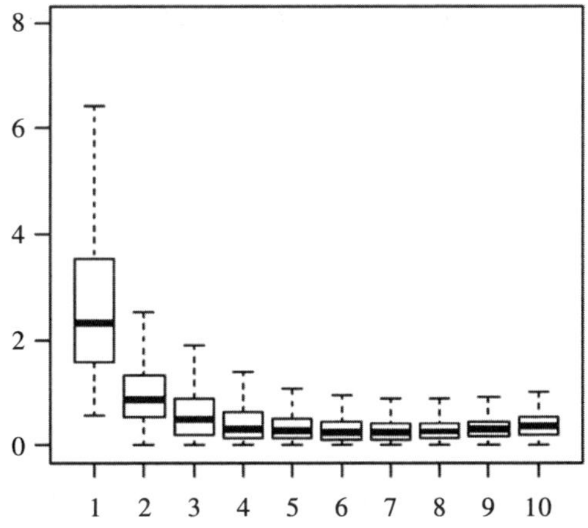

8
6
4
2
0
1 2 3 4 5 6 7 8 9 10

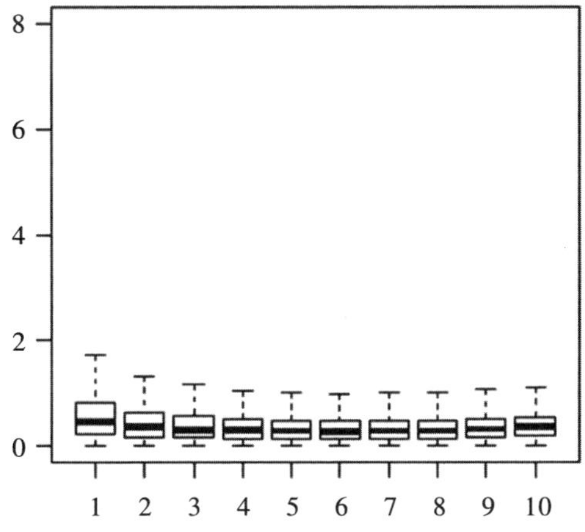

8
6
4
2
0
1 2 3 4 5 6 7 8 9 10

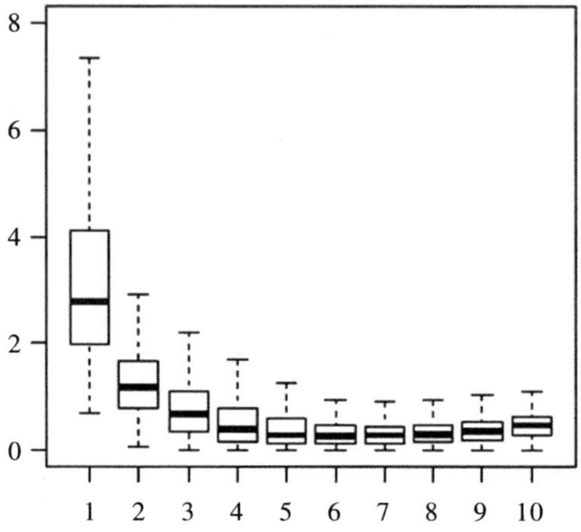

图 1-3　财务比率估值表现与价格回归的非线性关系

注：本图展示了根据价格十分位数条件下的财务比率估值（第一个图和第三个图）和价格回归（第二个图和第四个图）的绝对百分比误差的箱线图。价格十分位数从低（1）到高（10）依次排列。在图表中，上方的是关于收益的图表，而下方的是关于账面价值的图表。图表显示，价格水平是财务比率估值误差的合适缩放标准，但不适用于价格回归误差。

更重要的发现是，规模效应几乎不存在于财务比率估值，价格较低的样本（前 20%～30%）对应的相对估值误差浮动空间较大，而中高价格样本则较为稳定。正如我们后续的发现，规模效应对价值相关性具有持续的影响。

在财务比率估值中，相对误差分布几乎不存在的规模效应表明这类误差的时间变化模式反映了会计变量的价值相关性变化，并未受到时间维度变化的干扰。

1.样本中相对估值准确性的时间演变

我们首先分析相对估值准确性随时间的变化。图 1-4 通过比较绝对误差 |E| 和调整后的绝对误差的累积分布函数（CDFs），观察市盈率（P/E）和市净率（P/B）估值精度的时间演变（以支配度量衡量）。

一方面是当前年份，另一方面是样本中的起始年份。相对估值的实施使用了前文描述的最佳同行选择标准和同行数量。

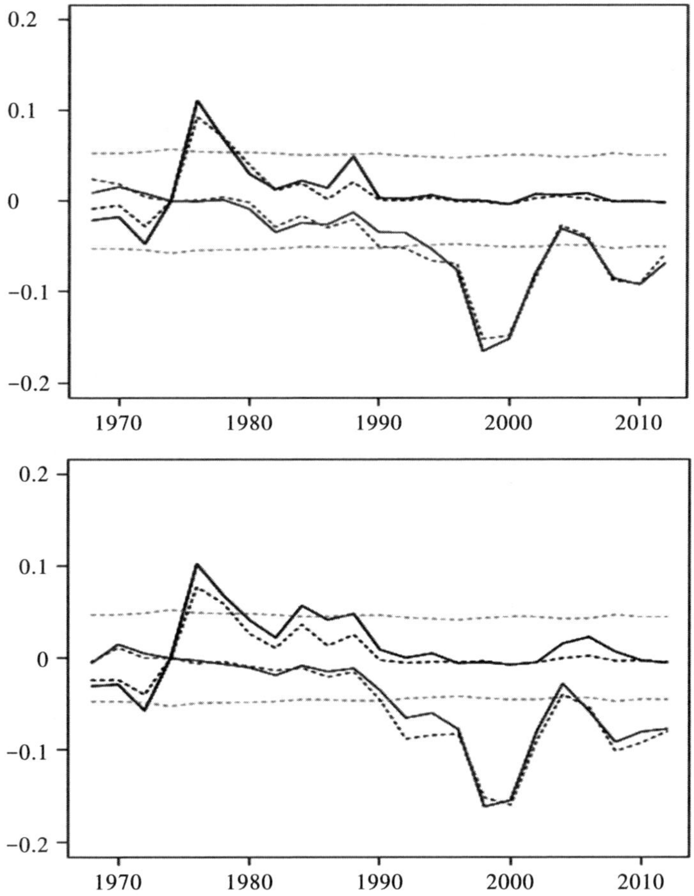

图 1-4　样本中精度差距的时间演变

注：精确度差距是通过比较当前年份与样本第一个年份（1968 年）的估值来衡量的。第一个图为市盈率（P/E）估值，第二个图为市净率（P/B）估值。上方（下方）实线（虚线）表示未受规模效应影响的绝对误差（即图 1-3 中的第 4 至第 10 十分位数的绝对误差 E）的累积分布函数（CDFs）之间差异的最大值（最小值），比较的是当前年份和样本第一个年份的误差。水平虚线标记了 99%的置信区间（见本书附录）。显著的负值表示估值精度的下降。

图1–4显示了两个CDF之间差异的最大值（上方实线/虚线）和最小值（下方实线/虚线）。实线对应于使用未受规模效应影响的误差（即图1–3中第4至第10十分位数）的分析，而虚线对应于基于所有绝对误差 $|E|$ 的分析。水平虚线标记了99%的置信区间（见本书附录）。显著的负值标识了估值精度下降的年份，而显著的正值则标识了估值精度优于样本开始年份的年份。

图1–4显示了两个估值方法的精度随年份显著下降，这一事实表明，在估值框架内可以解释为收益和账面价值的价值相关性下降。两个财务比率的行为非常相似，表明收益和账面价值的相关性下降程度相当。

此外，图1–4显示，基于所有相对误差的推论在质量上与仅基于未显示任何规模效应的误差（即图1–3中的第4至第10十分位数）的推论相同，且在数量上非常接近。这一发现强调了相对估值框架的优势之一：误差的自然标准化由价格水平实现。

为了避免图表杂乱，仅在图1–4中显示了基于规模效应的结果。对于所有其他分析，推论是相同的，仅显示基于所有回报的结果。

在接下来的内容中，我们将探讨估值准确性下降的可能原因。

2.影响价值相关性的已知因素

已有文献识别了多个影响收益和账面价值的价值相关性的因素：无形资产强度、一时性项目和公司规模。本书我们研究这些因素的强度如何影响市盈率（P/E）和市净率（P/B）这两个财务比率的估值准确性。在相对估值框架内，我们评估了这些因素对收益和账面价值的价值相关性的影响。我们在整个样本中全局测量它们的影响，并研究它们对估值精度影响的时间演变。

表 1-4　　**高/低因素值公司之间的估值精度差异-全样本**

科目	水平	
	P/E	P/B
一次性项目	-6%（2%）	-4%（2%）
无形资产	-8%（2%）	-6%（2%）
市值	10%（1%）	8%（1%）

注：该表报告了高/低因素值公司之间的估值精度差异（以支配度量衡量）。括号中的数字给出了99%置信区间的区分度（见本书附录A）。负值（正值）表示高因素值公司比低因素值公司估值精度更低（更高）的情况。

表1-4报告了上述三种因素对基于P/E和P/B财务比率的估值精度的整体影响。结果显示，当考虑整个样本时，这三种因素具有显著影响。一次性项目和无形资产对估值精度有负面影响，而较高的市值则与更高的估值精度相关。在三者中，一次性项目的影响最小，而市值的影响最大。虽然表1-4中的结果提供了不同因素对估值精准度的整体静态影响程度，但这三种因素的影响是否随时间发生改变尚不清楚。

图1-5、图1-6和图1-7展示了这三种因素对估值精度影响大小的时间演变。对于样本中的每一年，这些图表比较了高值和低值公司相应因素的绝对误差的累积分布函数（CDFs）。图中显示了两个CDF之间差异的最大值（上方实线）和最小值（下方实线）。虚线标记了99%的置信区间（见本书附录B）。显著的负值标识了低值因素公司估值精度显著较低的年份，而显著的正值则标识了高值因素公司估值精度更高的年份。

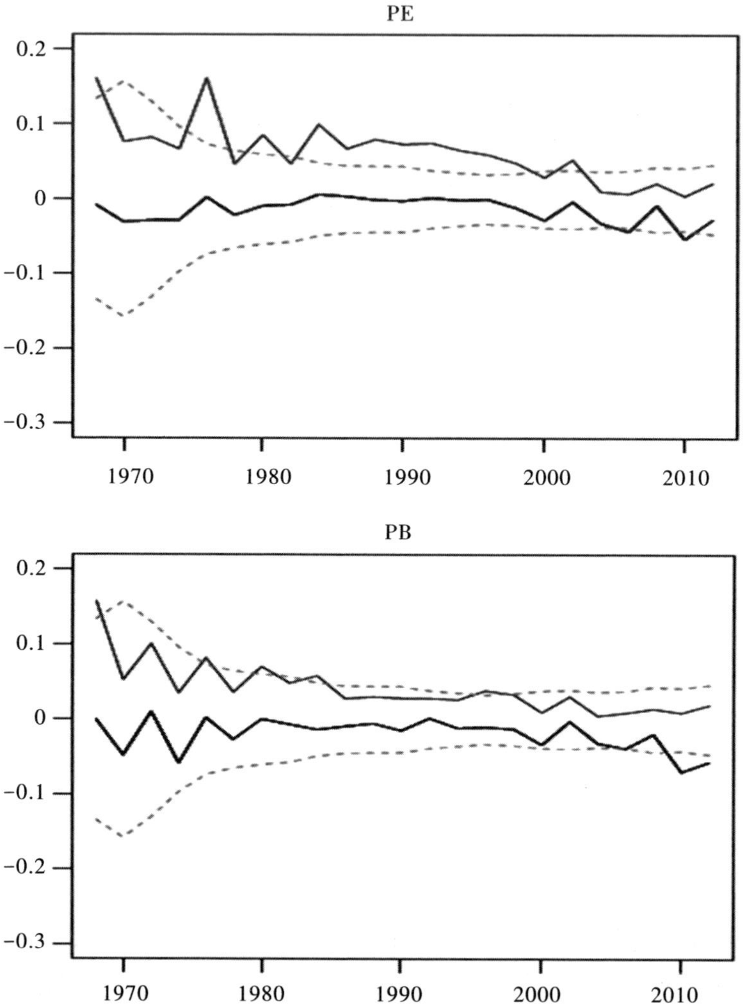

图 1-5　有/无一次性项目公司之间的估值精度差距

注：第一个图为市盈率（P/E）估值，第二个图为市净率（P/B）估值。上方（下方）实线表示无一次性项目公司和有一次性项目公司估值误差的累积分布函数（CDF）之间差异的最大值（最小值）。虚线标记了99%的置信区间（见本书附录）。显著的正值标识了无一次性项目公司估值精度更高的年份。

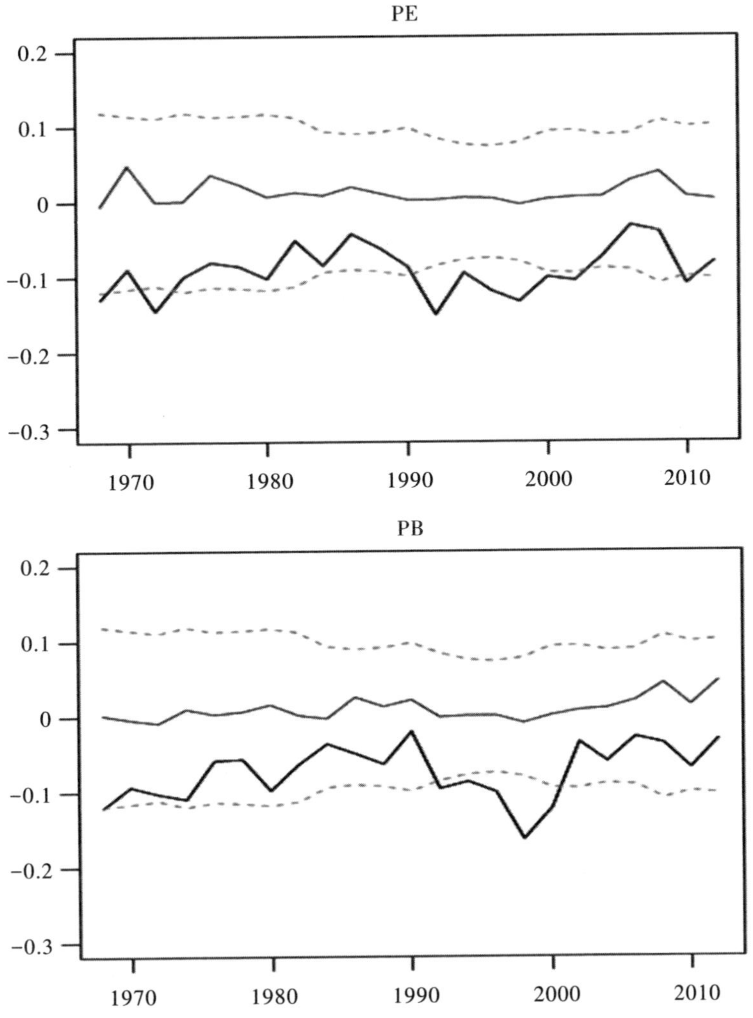

图 1-6　高/低无形资产公司之间的估值精度差距

注：第一个图为市盈率（P/E）估值，第二个图为市净率（P/B）估值。上方（下方）实线表示高科技公司和低科技公司估值误差的累积分布函数（CDF）之间差异的最大值（最小值）。虚线标记了 99% 的置信区间（见本书附录）。显著的负值标识了低无形资产投资公司估值精度更高的年份。

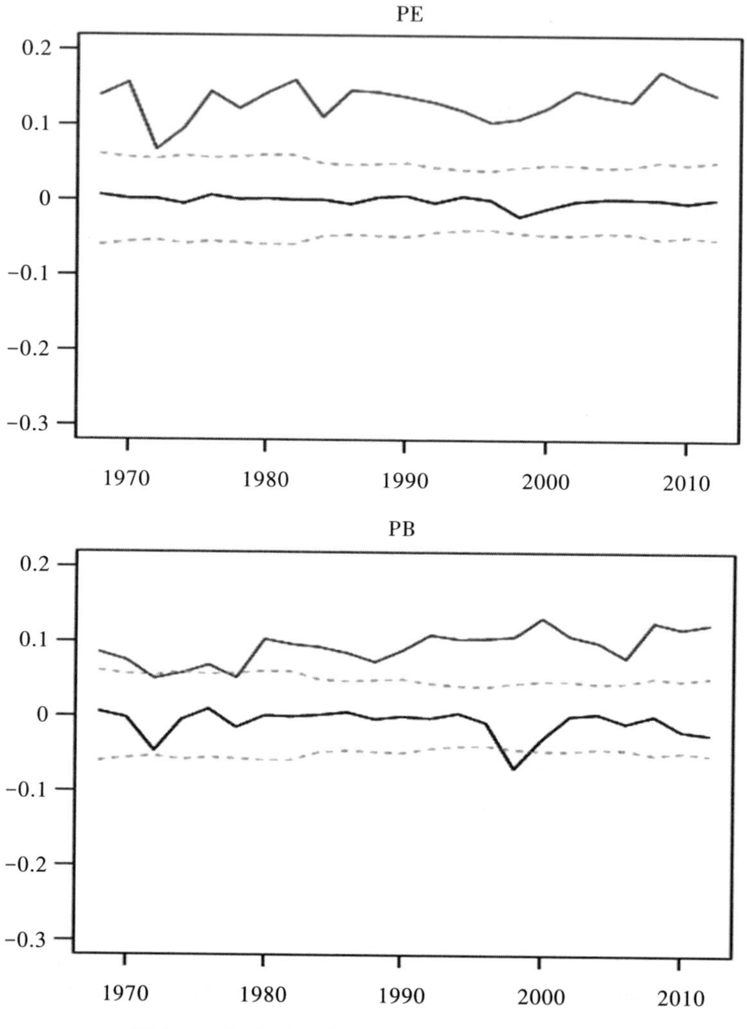

图 1-7 大公司和小公司之间的估值精度差距

注：第一个图为市盈率（P/E）估值，第二个图为市净率（P/B）估值。上方（下方）实线表示大公司和小公司估值误差的累积分布函数（CDF）之间差异的最大值（最小值）。虚线标记了 99% 的置信区间（见本书附录）。显著的正值标识了大公司估值精度更高的年份。

图1–5显示，一次性项目的存在仅在两个半世纪期间暂时性地降低了P/E财务比率的估值精度，而对P/B财务比率的影响仅为偶发性的。图1–6显示，表1–4中报告的无形资产因素对估值精度的显著负面影响仅存在于互联网泡沫市场崩溃前的10年。除此之外，无形资产因素对估值精度的影响并不显著。图1–7显示，在讨论的整个时期内，唯一持续影响估值精度的因素是市值。P/E估值对小公司的敏感性更高，与大公司相比，小公司的估值精度较低。

我们总结，唯一持续且几乎恒定影响相对估值的方法是市值。其他两种因素的影响较弱，更重要的是，这种影响仅为暂时性的，即无形资产因素在20世纪末的10年中显著，一次性项目在1975—2000年间仅对P/E估值有显著影响。

3.收益和账面价值的价值相关性随时间变化的来源

图1–4中估值精度的发展结果是样本结构变化和具有不同特征的公司估值精度变化的复合效应（指多个因素共同作用导致的结果，在此处指样本结构变化和估值精度变化共同导致的估值精度变化）。为了说明清楚，我们将重点关注市场规模因素。第四部分的分析已经强调了这一因素的重要性，后续分析的结果也证实了这一点。

由于大公司的估值比小公司更准确，因此，样本中的大公司比例的下降将降低估值精度。如果大公司估值的准确性随时间不变，那么整体估值精度的下降与样本中小公司/大公司的变化呈比例变化关系。如果另一方面，大公司估值的准确性随时间下降，那么整体估值精度的下降会更加明显。

现在我们将研究前述讨论中的影响整体样本估值精度的两个因素的时间演变：样本结构和不同因素强度的公司估值相对准确性。

图1-8展示了每年小公司/大公司的比例。它显示了样本结构随时间的显著变化。大公司比例呈现非线性变化：从1960—1985年的60%下降到2000年的30%，然后在2012年再次上升到60%。

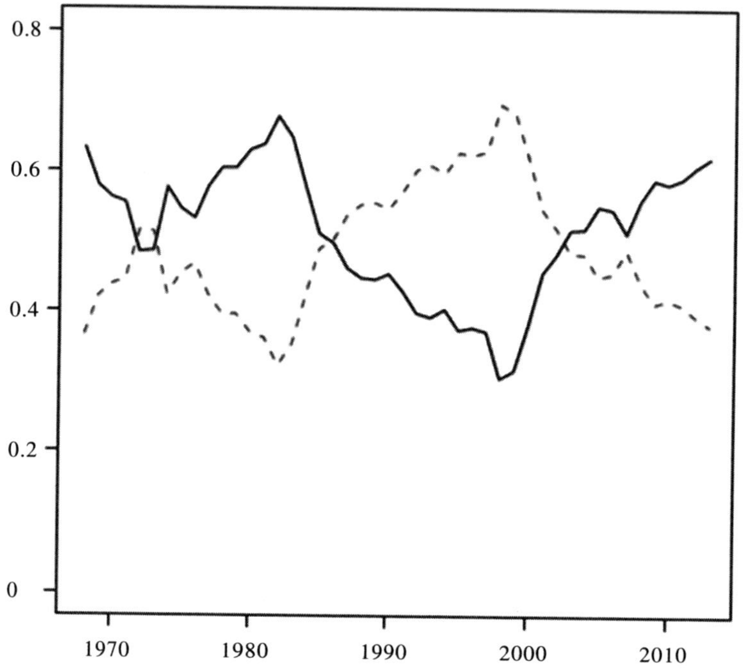

图1-8　样本中小公司/大公司比例的演变

注：实线（虚线）显示样本中大公司（小公司）的比例。公司规模由市场市值（调整后的整体市场水平）衡量。调整是将公司的市值除以一个市值加权的股权指数。如果公司的调整后市值高于整个样本的中位数调整后市值，则该公司被认为是大公司。大公司/小公司比例随时间变化很大。

图1-9显示，相对于样本开始时的情况，大公司的估值精度在1990年后显著下降。虽然小公司的估值精度下降也显著，但不如大公司那么剧烈。因此，图1-4中估值精度下降的原因是大公司比例下降/上升和（主要是）大公司估值精度下降的复合效应。

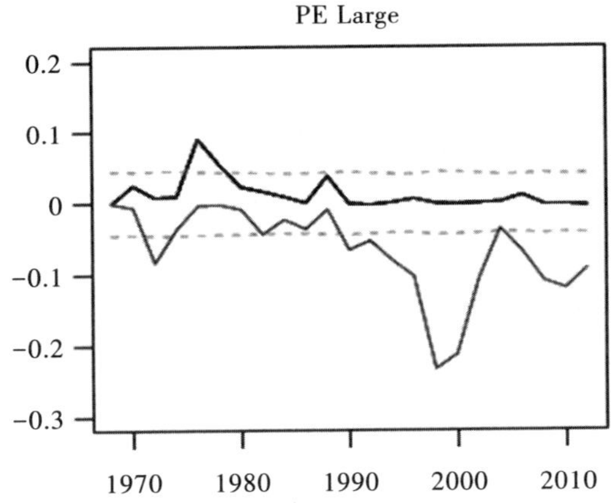
PE Large
0.2
0.1
0
-0.1
-0.2
-0.3
1970
1980
1990
2000
2010

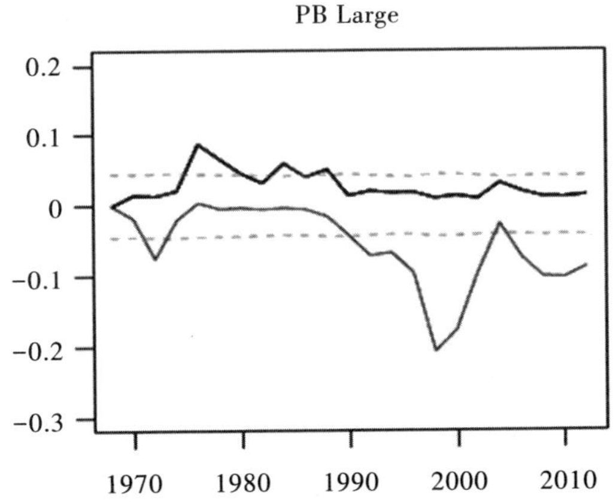
PB Large
0.2
0.1
0
-0.1
-0.2
-0.3
1970
1980
1990
2000
2010

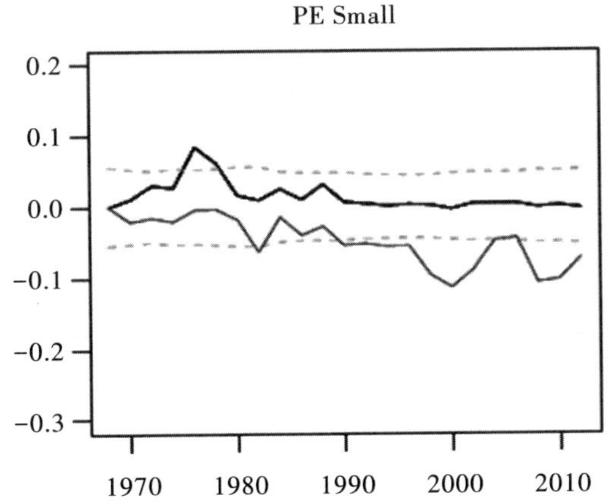
PE Small
0.2
0.1
0.0
-0.1
-0.2
-0.3
1970
1980
1990
2000
2010

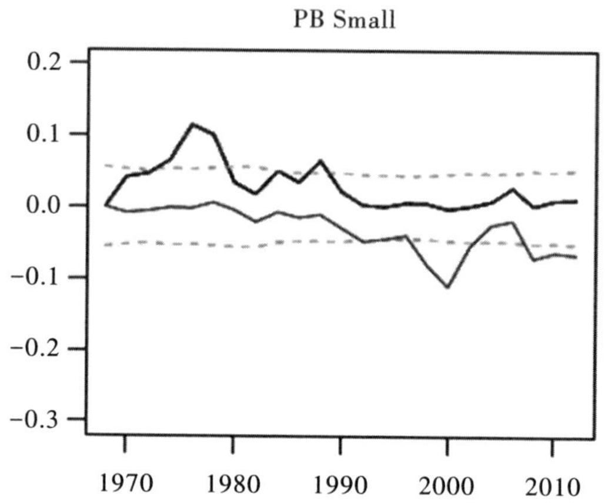

图1-9　样本中大公司/小公司估值精度差距的时间演变

注：精确度差距是通过比较当前年份与样本第一个年份（1968年）的估值来衡量的。第一个图为市盈率（P/E）估值，第二个图为市净率（P/B）估值。上方（下方）实线表示当前年份与样本第一个年份的绝对误差E的累积分布函数（CDFs）之间差异的最大值（最小值）。虚线标记了99%的置信区间（见本书附录）。显著的负值表示估值精度的下降。

4.解释收益和账面价值价值相关性随时间变化的来源

本书旨在通过分离其对估值精度的影响，理解上述两个复合效应中各自的重要性。为了更好地理解它们的相互作用，图1-10展示了1968年（第一个图）和2000年（第二个图）大公司（粗线，第三个图）和小公司（细线，第四个图）绝对定价误差（对数刻度）的估计密度。在所有四个图中，可以建立如图1-11所示的支配关系。第一个图和第二个图显示，大公司的估值比小公司更精确。这两个年份的支配度量约为12%。第三个图和第四个图清楚地显示了从1968年到2000年估值精度的下降：2000年（对于小公司和大公司）的绝对估值误差的（虚线）密度位于1968年估值误差密度的右侧（实线）。大公司的支配度量为22%，远大于小公司的12%。

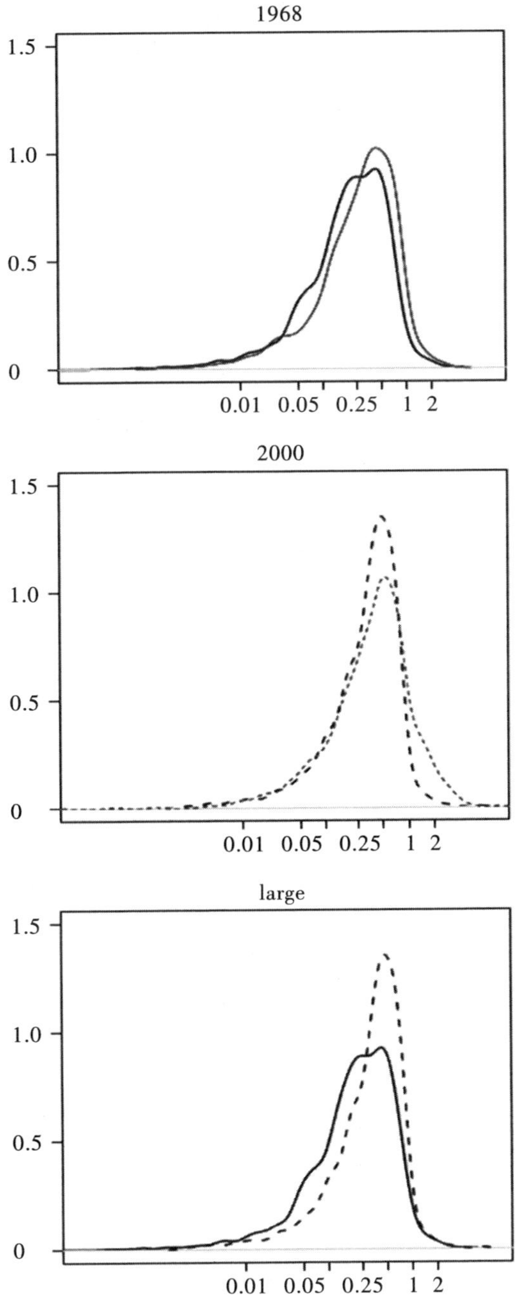
1968
1.5
1.0
0.5
0
0.01 0.05 0.25 1 2
2000
1.5
1.0
0.5
0
0.01 0.05 0.25 1 2
large
1.5
1.0
0.5
0
0.01 0.05 0.25 1 2

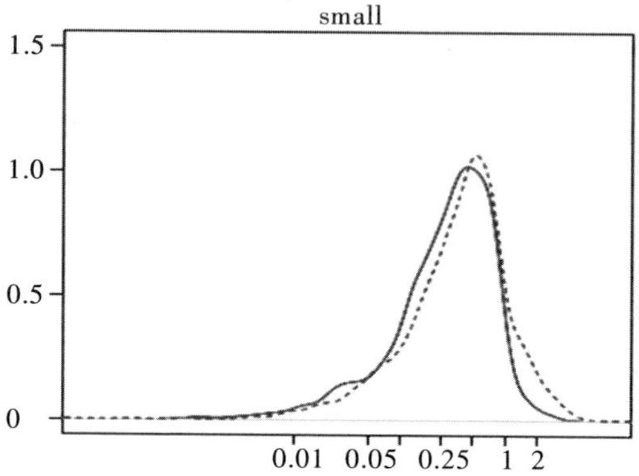

图1-10　1968年和2000年大公司和小公司的绝对估值误差的估计密度

注：绝对误差在对数刻度上。粗线（细线）用于表示大公司（小公司）的密度，而实线（虚线）表示1968年（2000年）的密度。第一个图：1968年。第二个图：2000年。第三个图：大公司。第四个图：小公司。

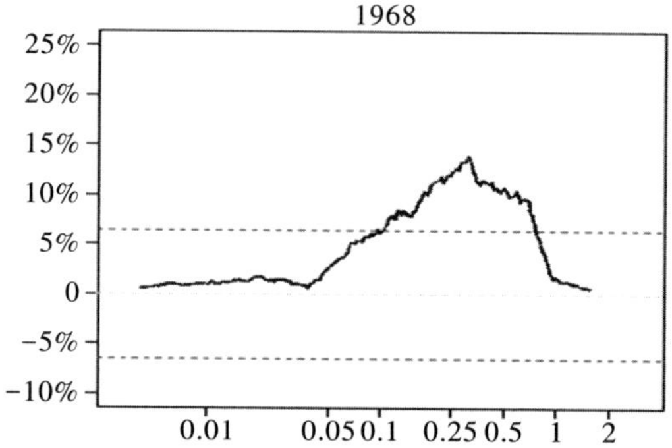

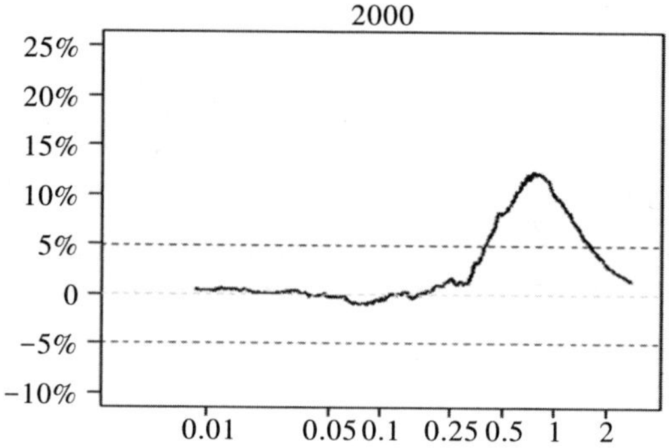

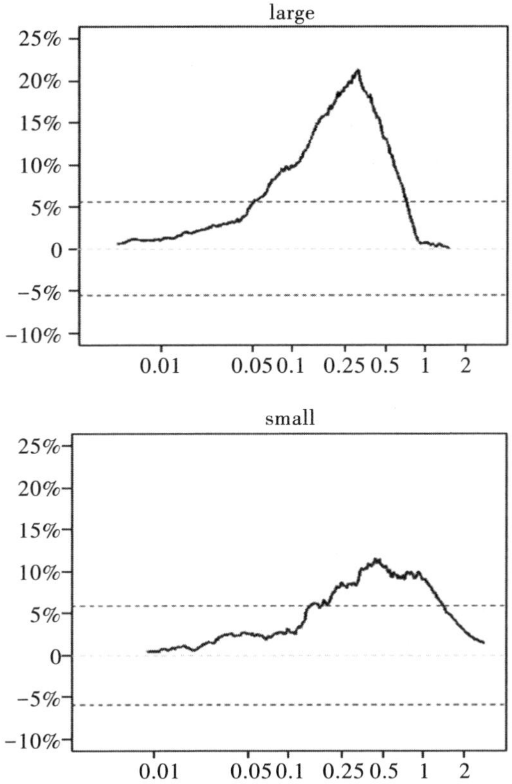

图1-11　1968年和2000年大公司和小公司绝对估值误差的估计累积分布函数（CDFs）之间的差异

注：绝对误差在对数刻度上。粗线（细线）用于表示大公司（小公司）的密度，而实线（虚线）表示1968年（2000年）的密度。第一个图：1968年大公司误差CDF减去小公司误差CDF。第二个图：2000年大公司误差CDF减去小公司误差CDF。第三个图：1968年大公司误差CDF减去2000年大公司误差CDF。第四个图：1968年小公司误差CDF减去2000年小公司误差CDF。虚线标记了99%的置信区间（见本书附录）。显著的正值表示差异中的第一项估值表现更好。1968年和2000年大公司估值更为精确（支配度量约为12%）。1968年所有公司的估值都比2000年更为精确（小公司的支配度量为12%，大公司为22%）。

不同年份的样本结构变化对应于第一排图中的观测值从粗线密度移到细线密度（或反之）。假设2000年大公司的比例低于1968年，这意味着由粗线虚线密度（更精确的那个）描述的观测值比例比样本结构未变化时的比例要小。因此，由于结构变化，整体估值精度较低。事实上，估值精度的下降因大公司和小公司的估值从1968年到2000年的下降而被放大。更多的观测值来自小公司的密度（即比大公司密度精度更低），但这一密度相对于1968年的位置也向右漂移。

这种分解表明了一种分离这两个效应的方法。假设我们想隔离1968年到2000年之间小公司/大公司比例变化的影响。1968年，样本中60%的公司是大公司，而2000年这一比例下降到30%。为了了解如果2000年的估值精度与1968年保持相同，整体估值精度将如何，我们将模拟一个大小和结构与2000年样本相同的样本，但估值误差对应于1968年的精度。我们从1968年的大公司（小公司）误差分布中随机抽取相当于2000年样本量30%（70%）数量的观测值（即图1-10中第一个图的连续粗线和细线）。随后，我们比较模拟误差分布与1968年的实际分布，这部分差异可以衡量由于样本结构变化导致的估值精度损失。

相反，如果我们想测量不同特征公司的估值精度变化的影响，我们将模拟一个与1968年结构相同的样本，但估值误差对应于2000年的精度。在此目标下，我们从2000年的大公司（小公司）误差分布中抽取相当于2000年样本量60%（40%）数量的观测值（即图1-10中第二个图的连续粗线和细线）。随后，我们比较所得模拟误差分布与1968年的实际分布，这部分差异便可以衡量由于不同规模公司估值精度变化导致的估值精度损失。

图 1-12 展示了上述两种模拟的结果。前两个图反映隔离了小公司/大公司比例变化对相对精度的影响，而后两个图量化了不同规模公司估值精度变化的影响。每个图展示了在模拟年份估值误差保持结构/精度不变的情况下的最大差异和最小差异，以及样本第一个年份（1968 年）的实际绝对估值误差。这表明，样本结构变化的影响几乎可以忽略，而估值精度随时间变化的影响是主导的。

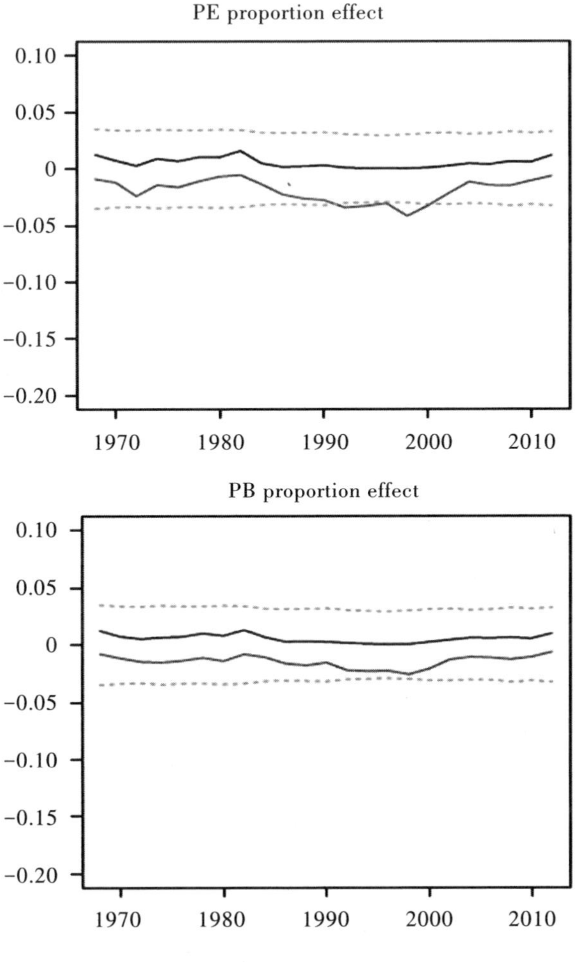

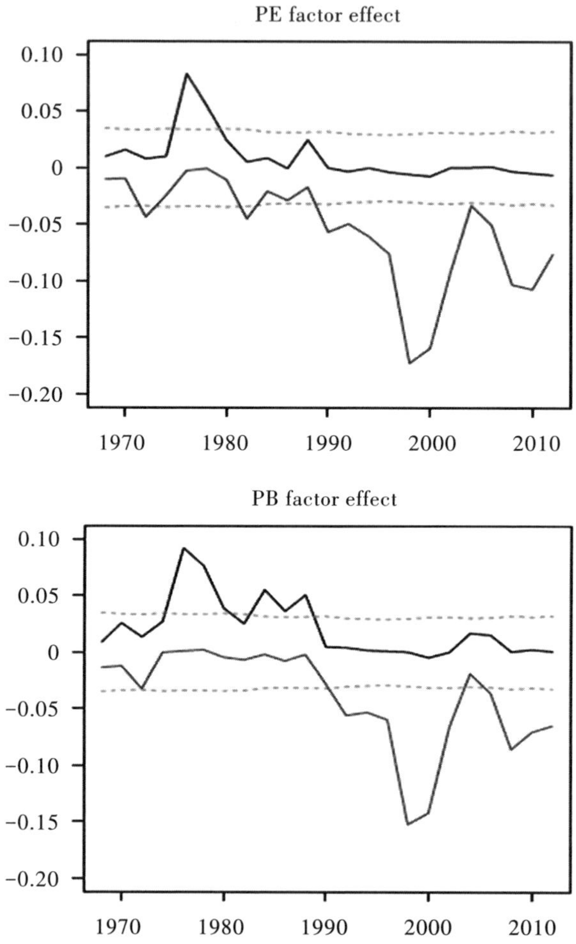

图 1-12　模拟样本中估值精度差距的时间演变

注：我们通过比较当前年份与样本起始年份（1968 年）的估值精确度，以衡量精确度差距。第一、第二个图：我们通过保持 1968 年的估值精度水平并根据实际年度样本结构抽取不同规模的公司估值误差以获得详细的分析结果。在该过程中，我们将 1968 年和当前年份之间不同规模公司的比例变化对估值精度的影响进行分割。第三、第四个图：我们通过保持年度样本结构在 1968 年的水平但从实际误差分布中抽取不同规模公司的估值误差以获得详细的分析结果。在该

过程中，我们将1968年和当前年份之间估值精度变化对样本组成的影响进行分割。第一、三个图为市盈率（P/E）估值，第二、四个图为市净率（P/B）估值。上方（下方）实线分别表示当前年份和模拟样本第一个年份的绝对误差（E）的累积分布函数（CDFs）之间差异的最大值（最小值）。虚线标记了99%的置信区间（见本书附录）。显著的负值表示估值精度的下降。

与图1-4的相似性表明，整体样本估值精度时间演变的解释是1990年后两个财务比率的估值精度下降。这一下降主要影响大公司。财务比率估值精确度在互联网泡沫期间特别低，但在21世纪初的几年内，财务比率估值精确度曾短暂回升，然后在最近几年再度下降。在相对估值框架中，这一发现与收益和账面价值相关性下降一致。这一下降趋势在1990年后更加明显，并且对收益的影响略大于账面价值。

五、结论

我们展示了如何使用相对估值框架来研究收益和账面价值的价值相关性随时间的演变。相对估值框架的成功实施依赖于在进行财务比率估值过程中若干关键步骤的改进。特别是，在拓展现有文献通过估值误差分布的特定统计量来比较精度的基础上，我们构建了一个基于随机占优概念的估值精确度判断框架，从而可以对不同方法的估值精度表现进行全面比较。

我们提出的相对估值框架提供了一个替代线性回归方法的选择，后者在价值相关性研究框架中存在计量经济学上的缺陷（Brown et al.，1999；Gu，2007）。在新的估值评估框架中，盈余或账面价值的相关性衡量标准是市盈率（P/E）或市净率（P/B）估值的精度。财务变量相关性的下降将体现在相应的财务比率估值精度随时间的下降。通过使用这一框架，我们发现了在1968—2012年间，收益和账面价值的价值相关性显著下降的现象主要是由大公司造成的。

附录

A.实证统计占优的度量

对于给定的误差样本$\left(e_1,\ e_2,\ \cdots,\ e_{n_X}\right)$，方法$X$的绝对相对误差$\left|E_X\right|$的累积分布函数（CDF）$F_X$的估计量是经验累积分布函数：

$$\hat{F}_X(x)=\frac{1}{n_X}\sum I_{(-\infty,\ x]}\left(\left|e_i\right|\right)=\frac{\#of\left|errors\right|\leqslant x}{n_X} \tag{1.8}$$

其中，$I_A(x)$是指示函数：

$$I_A(x)=\begin{cases}1,\ ifx\in A\\0,\ ifx\notin A\end{cases}$$

统计估计误差由两个样本Kolmogorov-Smirnov统计量的渐近分布描述：

$$D_{n_X,\ n_Y}=\sup_x\left|\hat{F}_{X,\ n_X}(x)-\hat{F}_{Y,\ n_Y}(x)\right| \tag{1.9}$$

在原假设$F_X=F_Y$下，

$$D_{n_X,\ n_Y}\leqslant c(\alpha)\sqrt{\frac{1}{n_X}+\frac{1}{n_Y}}$$

概率为$1-\alpha$。

总结，如果F_X和F_Y表示绝对误差$\left|E_X\right|$和$\left|E_Y\right|$的两个估计出的累积概率分布函数，分别对应估值方法X和Y，我们定义以下支配度量：

$$dm\left(\hat{F}_X,\ \hat{F}_Y\right) \equiv \begin{cases} \max\limits_e\left(\hat{F}_X(e)-\hat{F}_Y(e)\right),\ if\ \max\limits_e\left(\hat{F}_X(e)-\hat{F}_Y(e)\right) > c_{KS} and \\ \min\limits_e\left(\hat{F}_X(e)-\hat{F}_Y(e)\right) \geqslant -c_{KS} \\ \min\limits_e\left(\hat{F}_X(e)-\hat{F}_Y(e)\right),\ if\ \min\limits_e\left(\hat{F}_X(e)-\hat{F}_Y(e)\right) < -c_{KS} and \\ \max\limits_e\left(\hat{F}_X(e)-\hat{F}_Y(e)\right) \leqslant c_{KS} \\ 0,\ if\ \min\limits_e\left(\hat{F}_X(e)-\hat{F}_Y(e)\right) \geqslant -c_{KS} and \\ \max\limits_e\left(\hat{F}_X(e)-\hat{F}_Y(e)\right) \leqslant c_{KS} \\ ?\ ,\ if\ \max\limits_e\left(\hat{F}_X(e)-\hat{F}_Y(e)\right) > c_{KS} and \\ \min\limits_e\left(\hat{F}_X(e)-\hat{F}_Y(e)\right) < -c_{KS} \end{cases} \tag{1.10}$$

其中，$c(\alpha)$取决于α的大小，n_X和n_Y分别是用于估计两个累计概率分布函数，$\hat{F}_X$和$\hat{F}_Y$的样本量。

附表1-1给出了支配度量$dm\left(\hat{F}_X,\ \hat{F}_Y\right)$的解释，并将在后续比较竞争估值方法的精度时引用。在没有任何CDF支配的情况下，相应百分位数之间的关系取决于百分位数的顺序，并且会随着百分位数顺序的变化而变化。例如，X的中位绝对误差可能小于Y，而X的25%分位数可能大于Y。

附表1-1 **支配度量$dm\left(\hat{F}_X,\ \hat{F}_Y\right)$的解释以及必要和充分条件**

dm（$\hat{F}_X$，$\hat{F}_Y$）	条件	含义
>0	$\max\limits_e\left(\hat{F}_X(e)-\hat{F}_Y(e)\right) > 0$ and $\min\limits_e\left(\hat{F}_X(e)-\hat{F}_Y(e)\right) \asymp 0$ $\max\limits_e\left(\hat{F}_X(e)-\hat{F}_Y(e)\right) > c_{KS}$and $\min\limits_e\left(\hat{F}_X(e)-\hat{F}_Y(e)\right) \geqslant -c_{KS}$	$F_X > F_Y$ 或 方法X比方法Y更精确

续表

dm（$\hat{F}_X$，$\hat{F}_Y$）	条件	含义
<0	$\max_e\left(\hat{F}_X(e)-\hat{F}_Y(e)\right)\asymp 0$ and $\min_e\left(\hat{F}_X(e)-\hat{F}_Y(e)\right)<0$ $\max_e\left(\hat{F}_X(e)-\hat{F}_Y(e)\right)\leqslant c_{KS}$ and $\min_e\left(\hat{F}_X(e)-\hat{F}_Y(e)\right)<-c_{KS}$	$F_Y>F_X$ 或 方法Y比方法X更精确
=0	$\max_e\left(\hat{F}_X(e)-\hat{F}_Y(e)\right)\asymp 0$ and $\min_e\left(\hat{F}_X(e)-\hat{F}_Y(e)\right)\asymp 0$ $\max_e\left(\hat{F}_X(e)-\hat{F}_Y(e)\right)\leqslant c_{KS}$ and $\min_e\left(\hat{F}_X(e)-\hat{F}_Y(e)\right)\geqslant -c_{KS}$	$F_X=F_Y$ 或 两种方法同样精确
?	$\max_e\left(\hat{F}_X(e)-\hat{F}_Y(e)\right)>0$ and $\min_e\left(\hat{F}_X(e)-\hat{F}_Y(e)\right)<0$ $\max_e\left(\hat{F}_X(e)-\hat{F}_Y(e)\right)>c_{KS}$ and $\min_e\left(\hat{F}_X(e)-\hat{F}_Y(e)\right)<-c_{KS}$	任一累积分布函数均不占优 或 两种方法无法进行比较

注：符号 >，< 和 ≍ 对应于统计上为真的（不等）式，即不被相应的 Kolmogorov-Smirnov 假设检验所拒绝。这里的 $\hat{F}_X$ 和 $\hat{F}_Y$ 分别表示方法 X 和 Y 的绝对相对估值误差$|E|$的估计累积分布函数（见定义（1.8））。

B. 最优同行数量

B.1　可操作版本的定义

当从数据中估计误差的累积分布函数（CDFs）时，公式（1.7）中最佳同行数量的定义可以重写为（见附表1-1）：

$$\max_e\left(\hat{F}^{m,c}_{k_{opt}}(e)-\hat{F}^{m,c}_{k}(e)\right)\geqslant 0$$

and

$$\min_e\left(\hat{F}^{m,c}_{k_{opt}}(e)-\hat{F}^{m,c}_{k}(e)\right)\asymp 0$$

for all $k\neq k_{opt}$,

其中符号 $\succcurlyeq$ 和 $\asymp$ 对应于统计上为真的（不等）式，即不被相应的 Kolmogorov-Smirnov 假设检验所拒绝。具体来说，

$$\max_e\left(\hat{F}^{m,c}_{k_{opt}}(e)-\hat{F}^{m,c}_{k}(e)\right)\succcurlyeq 0 \text{ and } \min_e\left(\hat{F}^{m,c}_{k_{opt}}(e)-\hat{F}^{m,c}_{k}(e)\right)\asymp 0 \quad (1.11)$$

对于所有估值精度严格低于 k_{opt} 的 k，

$$\max_e\left(\hat{F}^{m,c}_{k_{opt}}(e)-\hat{F}^{m,c}_{k}(e)\right)\asymp 0 \text{ and } \min_e\left(\hat{F}^{m,c}_{k_{opt}}(e)-\hat{F}^{m,c}_{k}(e)\right)\asymp 0 \quad (1.12)$$

对于所有估值精度与 k_{opt} 相等的 k。

由于 k_{opt} 不依赖于财务比率（如图 1-1 中的图表所示），需要用来将 k 分类为严格次优或最佳的统计量定义为：

$$\begin{cases} M^c_k := \max\limits_m\left(\max\limits_e\left(\hat{F}^{m,c}_{k_{opt}}(e)-\hat{F}^{m,c}_{k}(e)\right)\right) \\ N^c_k := \min\limits_m\left(\max\limits_e\left(\hat{F}^{m,c}_{k_{opt}}(e)-\hat{F}^{m,c}_{k}(e)\right)\right) \\ O^c_k := \min\limits_m\left(\min\limits_e\left(\hat{F}^{m,c}_{k_{opt}}(e)-\hat{F}^{m,c}_{k}(e)\right)\right) \end{cases} \quad (1.13)$$

对于 $N^c_k\succcurlyeq 0$ 且 $O^c_k\asymp 0$ 的 k，将在所有财务比率中都是次优的，即对于研究中的任何财务比率，使用 k 个可比公司构建的财务比率 c 的估值精度严格低于基于 k_{opt} 的可比公司。对于 $M^c_k\asymp 0$ 且 $O^c_k\asymp 0$ 的 k，在所有财务比率中，估值精度在统计上与最佳精度无显著差异。

B.2 最优选择的统计动机

附图 1-1 展示了最优选择的统计动机。它显示了使用最优同行集大小的方法相对于使用其他大小选择的方法的支配度量。对于图 1 中最优同行数量的选择，附图 1-1 显示了定义（13）中的三个统计量随同行数量 k 的依赖性。

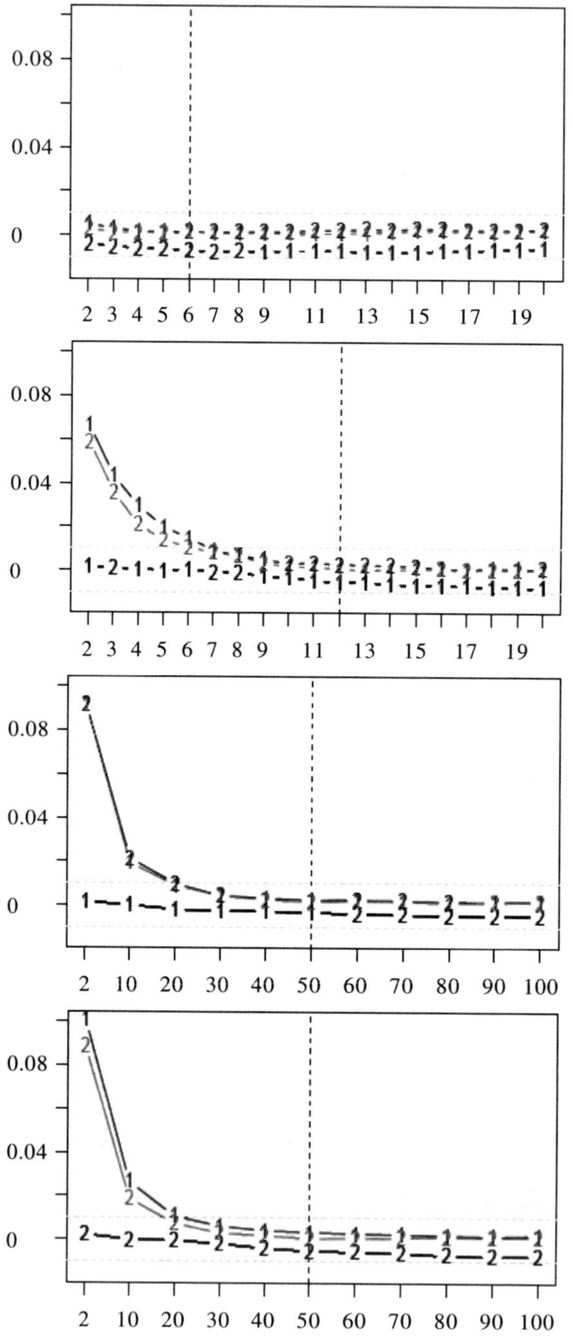
0.08
0.04
0
2 3 4 5 6 7 8 9 11 13 15 17 19
0.08
0.04
0
2 3 4 5 6 7 8 9 11 13 15 17 19
0.08
0.04
0
2 10 20 30 40 50 60 70 80 90 100
0.08
0.04
0
2 10 20 30 40 50 60 70 80 90 100

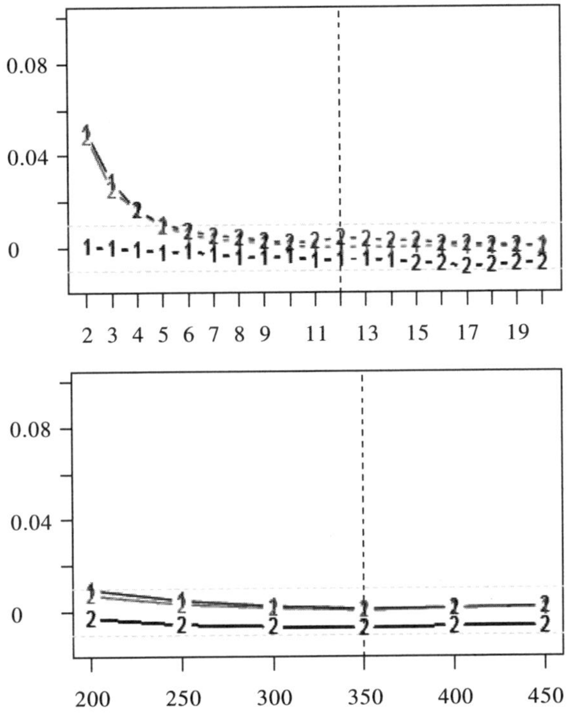

附图 1-1　M、N和 P统计量（见定义（13））作为 k（用于构建财务比率的同行数量）的函数，对应于图 1-1 中的 k_{opt}选择

注：每幅图报告了对应于 M_k，N_k和P_k的三条曲线（按递减顺序），其中 c 是图标题中的同行选择方法。这些曲线是 k（可比公司集合的大小）的函数。构建曲线的数字指示了在三个统计量定义中实现最大值或最小值的财务比率。财务比率的编码如下：1 - P/E，2 - P/B。虚线对应于 Kolmogorov-Smirnov 统计量的1%置信区间。对于给定的同行选择方法 c，如果较高的（M）曲线（中间的（N））在位置 k 上超出（低于）置信区间的上限，则表明使用同行选择方法 c 和 k 个可比公司集合进行的估值与使用k_{opt} 个可比公司集合进行的估值同样精确。

附图 1-1 每幅图中的三条曲线分别对应于递减顺序的 M_k^c，N_k^c，以及 P_k^c。构建曲线的数字标识了实现三个统计量定义中的最大值或最小值的财务比率（见公式（1.13））。财务比率的编码如下：1 - P/

E，2 - P/B。虚线对应于 Kolmogorov-Smirnov 统计量的1%置信区间。

注意，对于所有 k 和所有 c，$O_k^c \asymp 0$，因此统计量 M_k^c 和 N_k^c 的值将决定给定 k 相对于 k_{opt} 的最优关系。对于给定的同行选择方法 c，如果较高的（M_k^c）曲线（中间的（N_k^c））在位置 k 上超出（低于）置信区间的上限，这表明使用同行选择方法 c 和 k 个可比公司集进行的估值与使用 k_{opt} 个可比公司集合进行的估值同样精确。值得注意的是，我们能够为讨论范围内的所有 k 建立最优关系。

对于同行选择的行业标准，函数的形状是凸的。尽管所有曲线的最小值都在 $k = 6$ 处达到，但函数的值随着同行数量变化不大。所有在 3 到 9 之间的 k 都能产生同样好的精度，而大于 10 的 k 是次优的。

C.I和 ROE+TA 标准的最优同行数量

附表 1-2　**基于行业选择同行方法的描述性统计数据**

K	均值	中位数	最小值	25%分位数	75%分位数	最大值
2	38	18	2	9	51	577
4	42	22	4	10	53	589
6	45	25	6	11	56	689
10	61	37	10	18	74	866
15	83	52	15	29	97	1 186
20	98	59	20	34	113	1 220

注：分析中最佳同行数量对应的数值用粗体显示。

附表 1-2 给出了基于行业选择可比公司集合大小的一些细节。请记住，对于行业标准，对于给定的 k，如果匹配的四位数 SIC 代码所得到的行业包含 k 家公司，则同行集合包括所有匹配的公司。否则，公司的行业定义由较少的 SIC 数字决定，直到识别出至少 k 家其他公司。由于可比公司集合的基数随公司而变化，表格提供了可比公司集合大小随 k 变化的描述性统计数据，因此，选择 k=6 作为确定同行业公司数量阙值的最佳选择对应的是可比公司集合数量的平均值是 45 家公司。

附表 1-3　**基于总资产（TA）和股本回报率（ROE）选择同行方法的描述性统计数据**

K	均值	中位数	最小值	25%分位数	75%分位数	最大值
200	19	18	1	14	23	115
250	30	28	2	22	36	163
300	43	40	7	32	51	220
350	58	54	14	43	69	279
400	76	71	18	57	90	348
450	96	90	27	72	113	435

注：分析中最佳同行数量对应的数值用粗体显示。

附表 1-3 给出了基于总资产（TA）和股本回报率（ROE）选择可比公司集合大小的描述性统计数据。请记住，对于此标准，对于给定的 k，同行集合是通过分别取与公司 TA 和 ROE 最接近的 k 家公司的集合的交集获得的。因此，k = 350 的最佳选择对应于从大约 50 家可比公司中估计财务比率。

D. 变量和财务比率

用于构建常见财务比率的变量包括普通股流通股（CSHO）、不含特殊项目的每股收益（EPSPX）、销售额（S）、息税折旧摊销前利润（EBITDA）、普通股股东权益（CEQ）、净收入（NI）、长期债务（DLTT）、流动负债（LCT）、优先股（UPSTK）和拖欠优先股股利（DVPA）。用于定义可比公司的变量包括标准工业分类代码（SIC）、总资产（TA）和股本回报率（ROE）。

股票收盘价（P）来源于 CRSP 数据库，DLTT（按 CSHO 平减）、LCT（按 CSHO 平减）、UPSTK（按 CSHO 平减）和 DVPA（按 CSHO 平减）的总和以及 P 被定义为每股企业价值（EV）。由于财务报表在会计报告期结束后的几个月内公开，因此用于 P 和计算 EV 的股票收盘价对应于报告期结束后的第三个月。

E.样本

附表 1-4 详细展示了在构建样本过程中每一步的观测损失情况。

附表 1-4　**样本构建**

样本构建	样本规模
CRSP/Compustat的所有年度报告（1968—2012）	372 647
1.剔除SIC代码介于6 000—6 799之间的年报	−76 270
	296 377
2.剔除存在缺失值的年报	−139 053
	157 324
3.剔除财务比率取值无穷大的年报	−2 345
	154 979
4.剔除财务比率为负值的年报	−44 528
	110 451
5.剔除财务比率值位于最大和最小1%的观测值	−7 889
	102 562
6.剔除某一年份同属一级SIC行业的同行数量少于50的行业	−5 964
最终样本规模	96 598

排除规则 1、2、3 和 5 较容易理解，而其余的两个规则（4和6）需要一些解释。简言之，规则 4 产生了最多的公司/年份实例，这些实例中两种估值方法都提供了市场价值，并允许公平比较不同基于财务

比率的估值方法所产生的误差分布。详细来说，负财务比率由负分母生成。请记住，公司的基于财务比率预测的市场价值是通过将同行基于预测的财务比率乘以该公司在给定年份内财务比率分母变量的值得到的。由于在我们的分析中，同行基于预测的财务比率始终为正，因此负分母意味着公司的负市场价值。由此，规则4将样本中至少有一种估值方法无法通过产生负市场价值来给公司赋值的公司/年份实例排除在外。规则6旨在确保在选择标准为行业时有足够的可比公司。

附表1-5显示了研究期间（1968—2012年）每年的样本量。

附表1-5　　**1968—2012年每年样本量**

年份	1968	1969	1970	1971	1972	1973	1974	1975	1976
规模	1 388	1 518	1 588	1 665	1 763	1 647	1 275	1 517	1 583
年份	1 977	1 978	1 979	1 980	1 981	1 982	1 983	1 984	1 985
规模	1 577	1 608	1 481	1 548	1 459	1 439	1 754	2 082	2 238
年份	1 986	1 987	1 988	1 989	1 990	1 991	1 992	1 993	1 994
规模	2 265	2 461	2 334	2 148	2 091	2 162	2 658	2 985	3 271
年份	1 995	1 996	1 997	1 998	1 999	2 000	2 001	2 002	2 003
规模	3 322	3 520	3 498	3 145	2 857	2 572	2 143	2 226	2 421
年份	2 004	2 005	2 006	2 007	2 008	2 009	2 010	2 011	2 012
规模	2 698	2 664	2 642	2 467	1 904	1 999	2 311	2 236	468

附表1-6给出了研究中常见财务比率的一些描述性统计数据。

附表1-6　　**财务比率的描述性统计数据**

比率	均值	中位数	最小值	25%分位数	75%分位数	最大值	标准差
P/E	23.33	15.80	3.22	10.53	24.68	301.60	27.92
P/B	2.40	1.80	0.36	1.17	2.91	15.89	1.98

参考文献

[1] ALFORD A W. The effect of the set of comparable firms on the accuracy of the price-earnings valuation method [J]. Journal of Accounting Research, 1992, 30 (1): 94-108.

[2] BAKER M, RUBACK R. Estimating industry multiples [R]. Working Paper, Harvard University, 1999.

[3] BEISLAND L A. A review of the value relevance literature [J]. The Open Business Journal, 2009 (2): 7-27.

[4] BRIMBLE M, HODGSON A. On the intertemporal value relevance of conventional financial accounting in Australia [J]. Accounting & Finance, 2007, 47 (4): 599-622.

[5] BROWN S, LO K, LYS T. Use of R^2 in accounting research: Measuring changes in value relevance over the last four decades [J]. Journal of Accounting and Economics, 1999, 28 (2): 83-115.

[6] CHANG J J. The decline in value relevance of earnings and book values [R]. University of Pennsylvania, 1998.

[7] CHENG C, MCNAMARA R. The valuation accuracy of the price-earnings and price-book benchmark valuation methods [J]. Review of Quantitative Finance and Accounting, 2000, 15 (4): 349-370.

[8] COLLINS D W, MAYDEW E L, WEISS I S. Changes in the value-relevance of earnings and book values over the past forty years [J]. Journal of Accounting and Economics, 1997, 24 (1):

39-67.

[9] DONTOH A, RADHAKRISHNAN S, RONEN J. The declining value-relevance of accounting information and non-information-based trading: An empirical analysis [J]. Contemporary Accounting Research, 2004, 21 (4): 795-812.

[10] EASTON P D, SOMMERS G.Scale and the scale effect in market-based accounting [J]. Journal of Business Finance and Accounting, 2003, 30: 25-55.

[11] ELY K, WAYMIRE G. Accounting standard-setting organizations and earnings relevance: Longitudinal evidence from NYSE common stocks, 1927-93 [J]. Journal of Accounting Research, 1999 (37): 293-317.

[12] FRANCIS J, SCHIPPER K. Have financial statements lost their relevance? [J]. Journal of Accounting Research, 1999, 37 (2): 319-352.

[13] GILSON S C, HOTCHKISS E S, RUBACK R S. Valuation of bankrupt firms [J]. The Review of Financial Studies, 2000, 13 (1): 43-74.

[14] GU Z. Across-sample incomparability of R^2s and additional evidence on value relevance changes over time [J]. Journal of Business Finance & Accounting, 2007, 34 (7-8): 1073-1098.

[15] KAPLAN S N, RUBACK R S.The valuation of cash flow forecasts: An empirical analysis [J]. The Journal of Finance, 1995, 50 (4): 1059-1093.

[16] KIM M, KROSS W. The ability of earnings to predict future operating cash flows has been increasing not decreasing [J].

Journal of Accounting Research, 2005, 43 (5): 753-780.

[17] KIM M, RITTER J R. Valuing IPOs [J]. Journal of Financial Economics, 1999, 53 (3): 409-437.

[18] LEV B, ZAROWIN P. The boundaries of financial reporting and how to extend them [J]. Journal of Accounting Research, 1999, 37 (2): 353-385.

[19] LIE H, LIE E. Multiples used to estimate corporate value [J]. Financial Analysts Journal, 2002, 58 (2): 44-54.

[20] LIU J, NISSIM D, THOMAS J. Equity valuation using multiples [J]. Journal of Accounting Research, 2002, 40 (1): 135-172.

[21] LIU J, NISSIM D, THOMAS J. Is cash flow king in valuations? [J]. Financial Analysts Journal, 2007, 63 (2): 56-68.

P/E与EV/EBITDA：
哪种财务比率估值更准确？

在本书中，我们比较了基于 EV/EBITDA 企业价值比率（该财务比率在过去10年中越来越受到金融从业者广泛青睐）和传统的 P/E 市盈率在公司股权估值中的准确性。我们的研究涵盖1968—2012年全部美国上市公司的大样本分析，时间跨度长达 45 年。总体上结果显示，对全部公司而言，P/E 市盈率的估值精确度显著高于 EV/EBITDA 企业价值比率的估值精确度。因此，我们的研究结果验证了 Liu，Nissim，and Thomas（2002）的结论。我们的研究发现，即使在不同的估值方法实施条件下（包括同行特征和数量、同行财务比率估值的聚合方式），以及财务比率估值所使用的数据类型（包括实际报告数据或预测数据）、时间段（样本初期、中期或末期），以及行业类型（劳动密集型行业、资本密集型行业或其他行业），这些结论依然成立。

当我们将不同公司的特征纳入考虑时，财务比率的选择与估值表现之间的关系变得更加复杂。对于负债较低的公司，EV/EBITDA 企业价值比率的估值精确度能够至少达到与 P/E 市盈率同样的估值精确度。此外，在对那些年报中财务报表包含大量特殊科目收入或者非主营业务收入的公司进行估值时，EV/EBITDA 企业价值比率显著比 P/E 市盈率更加精确。该发现与以下观点一致：并非所有财务科目数字都能向投资者传递有效的信息。我们得出的总体结论是，在某些特定情况下，EV/EBITDA 企业价值比率能够提供更为精确的公司股权估值表现。

总体来说，尽管 P/E 市盈率在一般情况下表现得更好，但使用 EV/EBITDA 企业价值比率进行公司股权估值在某些特定条件下，如公司负债较低或存在大量特殊科目收入时，能够有更加精确的表现。这表明选择适当的财务比率进行估值应当根据公司的具体财务状况和特征来确定，不能一概而论。

一、引言

财务比率在从业者评估上市公司价值时被广泛使用。例如，Demirakos，Strong和Walker（2004），Asquith，Mikhail和Au（2005），Damodaran（2006），Deloof，De Maeseneire和Inghelbrecht（2009），以及Roosenboom（2012）。在传统上，最常用的估值财务比率无疑是市盈率（P/E）。然而，近年来，从业者的偏好发生了显著变化，这在最近关于美国（Block，2010）和欧洲（Bancel and Mittoo，2014）的实务界估值具体实施调查中得到了证实。

通过对1 209名美国金融分析师的详细调查，Block（2010）发现，41.7%的分析师依然使用市盈率作为其主要的估值财务比率，而36.2%的分析师则更倾向于使用企业价值比率（EV/EBITDA）。企业价值比率是通过将企业价值（EV）除以息税折旧摊销前利润（EBITDA）计算得出的，近年来逐渐获得了实务界更广泛的认可和应用。更值得注意的是，调查参与者预测，未来企业价值比率可能会成为主要的估值工具。尽管市盈率在多个行业（如材料、非必需消费品、能源、医疗保健、公用事业）中仍是最常用的估值比率，但在其他一些行业（如工业、通信服务、必需消费品和科技）中，企业价值比率已经占据了首要位置。

在对受访者进行进一步的调查中，Block（2010）发现，企业价值比率越来越受欢迎的一个重要原因在于分析师对GAAP（一般公认会计原则）相关收入和会计准则的不满。许多分析师认为，GAAP收入和会计准则本身有时不能真实有效反映公司的实际财务状况和盈利能力，这导致他们更倾向于使用企业价值比率这一指标。Bancel和Mittoo（2014）在欧洲的调查结果也显示了类似的趋势。他们对来自欧洲8个国家的356名估值专家进行了调查，结果显示：83%的估值专家表示企业价值比率是他们最常用的估值比率，其次是68%的估值专家所青睐的市盈率。

在本书中，我们详细分析了这两种财务比率的估值精确度。我们进行该分析的动机不仅源于上述分析师偏好变化现象，而且受到了盈利组成和其价值相关性近期变化的启发。近年来的研究表明，报告特殊科目（或一次性科目）的公司数量及其规模在过去几十年中显著增加（Bradshaw and Sloan，2002；Johnson，Lopez，and Sanchez，2011）。这一发展可能对分析师的预测以及公司的市场价值产生重要影响（Burgstahler，Jiambalvo，and Shevlin，2002；Cready，Lopez，and Sisneros，2012；Dechow and Ge，2006；McVay，2006；Riedl and Srinivasan，2010）。尤其需要注意的是，这些特殊项目可能会以不同的方式影响两种财务比率的真实性和准确性，因为它们仅在计算净收益时被纳入考虑，但是并不会影响EBITDA的数值。

分析财务比率的估值精确度并非易事，因为不论是实务界还是学术界对财务比率估值实施过程的两个关键步骤缺乏共识。首先，财务比率估值需要确定一组可比较公司。然后，应通过汇总这组可比较公司的财务比率为目标公司预测相应的财务比率。在这两个步骤上，如何具体进行实操尚无共识，这也解释了为什么分析师通常会自行决定如何策略性地选择同行可比较公司（De Franco，Hope，and Larocque，2015；Paleari，Signori，and Vismara，2014）。除此之外，尽管可比较公司的财务比率中位数常被用来预测目标公司的财务比率，但其他统计量也经常被使用。由于实操过程的细节显著影响估值精确性（例如，Alford，1992；Bhojraj and Lee，2002；Liu，Nissim，and Thomas，2002；Liu，Nissim，and Thomas，2007），因此对财务比率估值精确度的全面分析应充分考虑所有可变因素。

在本书中，我们针对不同操作选择对基于这两种财务比率的估值影响进行了系统研究。我们的分析基于从1968—2012年横跨45年的全部美国上市公司的样本，包括所有在Compustat和CRSP数据库中列出的美国公司（数据可用的情况下）。

首先，我们考虑了确定可比较公司集合的两个关键方面对估值精确度的影响：可比较公司的特征和数量规模。根据现有文献的定义，我们使用六个标准来定义可比较公司：行业（用SIC代码度量）、规模（用总资产度量）、增长质量（用净资产回报率/投入资本回报率度量）、行业和规模、行业和增长质量，以及规模和增长质量。此外，对于每一财务比率，我们确定了最佳可比较公司数量，即能够产生最小定价误差的可比较公司集合大小。接下来，我们比较了使用中位数与调和平均数来计算可比较公司财务比率来预测目标公司财务比率的估值表现。我们使用与随机占优概念相关的综合表现指标来比较两种财务比率的总体估值准确性。尽管许多研究人员在其他领域提到这一概念，特别是在投资组合选择和精确度表现等方面（Agliardi，Agliardi，Pinar，Stengos，and Topaloglouf，2012；Belghitar，Clark，and Deshmukh，2014；Kuosmanen，2004），但随机占优理论尚未在与财务比率估值准确性相关的研究中使用。

我们发现，对全部样本中的所有公司而言，P/E市盈率比EV/EBITDA企业价值比率在企业股权估值表现上更为精确，并且该结论对于财务比率方法的实施细节变化具有稳健性。无论如何选择可比较公司（尽管我们发现可比较公司数量对估值准确性有很大影响，并且基于ROE/ROIC的标准始终提供最准确的估值），如何通过可比较公司财务比率计算预测，或者如何确定用于计算估值准确性的时间范围（即，误差是相对于公司财年结束后3个月、6个月或12个月的市场价格计算的），以上结论都是成立的。尽管我们的结果表明过去几十年中估值精确度差距在不断缩小，但估值精确度的排名在时间和行业间是稳定不变的。最后，使用金融分析师的预测数据而非会计（历史）数据不会改变这一估值精确度表现排序（使用预测数据会同时提高两种财务比率的准确性）。总体而言，我们的结果证实了Liu、Nissim和Thomas（2002）的研究结果。

我们进一步分析了这两种财务比率之间估值准确性差异的来源。这一分析涉及两个比率定义上的差异项：EV-P（涉及两个比率的分子，企业价值与股权市值）和EBITDA-E（涉及两个比率的分母，税前息前折旧前摊销前利润与净利润）。这种分解能够让我们对之前的结果进行细化的分析，当考虑不同的公司特征时，两种财务比率估值准确性之间的精确关系变得更加复杂。我们发现，对于中高债务水平的公司，P/E市盈率估值更为精确；而对于低债务水平和EBITDA与E之间存在较大差距的公司，EV/EBITDA企业价值比率的估值表现更加精确。证据表明，特殊项目科目和营业外收入科目的大量收入是导致EV/EBITDA估值表现更加精确的主要原因。这些科目削弱了P/E市盈率的表现，但不影响EV/EBITDA的表现。这一发现与财务报告文献相契合，有助于理解分析师跟踪服务日益倾向于报告剔除具有特殊项目科目收入后的收益（Bradshaw and Sloan，2002），因为这些科目（在合适的符号和规模下）不向投资者提供未来现金流的有效信息。最后，我们发现债务水平和两个比率之间估值精确性差距随时间发展趋势的显著相似性，同时，还发现估值准确性差距缩小与公司承担的债务水平的减少是一致的。

因此，我们得出结论，除非是低债务水平和具有大量特殊科目收入和营业外收入的公司，P/E市盈率均能够实现最精确的估值表现。由于总体表现是不同样本部分准确性的平均值，因此在分析的第一部分记录的P/E市盈率的全面优越性归因于其在中高债务水平公司中表现更好。

本书丰富了稀缺的财务比率估值相关领域的文献。迄今为止，只有另外两篇论文详细比较了 P/E 市盈率和 EV/EBITDA 企业价值比率的估值精确度（Liu，Nissim，and Thomas，2002；Lie and Lie，2002）。但是，他们的分析没有涉及所有前面提到的具体实施问题。这两篇论文仅考虑了可比较公司集合选择的单一标准（即行业），并且没有考虑估值准确性对可比较公司集合规模大小的敏感性问题。这两篇论文的实证分析样本所涵盖时间较短，而且，使用了不完备的统计数据对估值误差分布进行比较。在本书中，我们对所有财务比率估值实施过程中所涉及的问题进行了系统分析，对包含 98 756 个公司-年度观测数据的样本，讨论了不同可比公司选择特征、可比公司规模和可比公司集合财务比率的计算方法。此外，我们使用更加科学的随机占优方法，该方法能够对估值误差的分布进行全面比较，统一了现有文献中存在的不同比较方法。

我们还为财务会计和财务报表分析文献中的关于营业外收入科目、非经常性科目或特殊项目科目的相关性做出了贡献。随着这些科目在过去几十年中报告频率和数值规模的增加，现有文献讨论了这些变化对资本市场参与者的影响（Burgstahler et al.，2002；Cready et al.，2012；Dechow and Ge，2006；McVay，2006；Riedl and Srinivasan，2010）。我们发现，大量来源于特殊项目科目和非主营业务收入的数据，无法有效向投资者传递关于未来现金流的可靠预测信息。对于这些公司，P/E 市盈率的估值准确性低于 EV/EBITDA 企业价值比率。值得一提的是，既往研究主要集中于通过经典回归分析收益，而我们的方法直接与价格相关，通过随机占优比较估值误差分布的整体，这为该领域文献提供了全新的评估方法。

本书的其余部分结构如下：第二部分介绍我们的实证设计。在第三部分中，我们详细阐述了 P/E 市盈率和 EV/EBITDA 企业价值比率估值误差的随机统计占优分析结果。第四部分讨论了我们对两个比率之间主要差异项（EV-P 和 EBITDA-E）进行精准度分解的结果。第五部分则对本书进行了总结。

二、财务比率估值原理

使用财务比率进行估值通过将公司当前财务信息变量（即比率分母中的变量）的价值以一个由一组可比较公司（或同行）计算得出的聚合比率进行资本价值转化，从而估算公司的股权价格。因此，构建一组可比较公司是本书研究的两种财务比率（P/E 市盈率和 EV/EBITDA 企业价值比率）在估值实施过程中的的重要问题。

（一）预测价格

对于公司 i，一个财务比率 m_i 被定义为其股票价格 P_i 与会计变量 Acc_i（在财报年结束时）的比值：

$$m_i := \frac{P_i}{Acc_i} \tag{2.1}$$

对于比率 m，公司 i 的预测价格 $\hat{P}_i(m, C)$ 是同行集合 C 的函数，其计算公式为：

$$\hat{P}_i(m, C) = Acc_i \times \hat{m}_i(C), \tag{2.2}$$

其中，$\hat{m}_i(C)$ 是公司在同行集合 C 上估计的聚合比率（同行）。这一符号强调了财务比率估值方法不仅是比率 m 的选择结果，而且包括同行集合 C。在接下来的部分中，估值方法将通过定义它们的比率和同行集合对（multiple，set of peers）来引用。

在实际操作中，聚合比率 $\hat{m}_i(C)$ 通常估计为可比较公司集合比率的中位数。然而，由于学术文献（Baker and Ruback，1999；Liu et al.，2002）记录了使用调和平均数作为中位数替代时的准确性提升，我们在本书中考虑了这两种定义。

我们在实证分析中评估的财务比率包括：EV/EBITDA 企业价值比率，定义为每股企业价值除以每股息税折旧摊销前利润（EBITDA），再平减普通股流通股数量（CSHO）；P/E 市盈率，定义为股票价格（P）除以每股收益（EPS）。对于 EV/EBITDA 企业价值比率，需从预测的公司价值中移除债务以获得预测价格。

通过这种方法，我们可以系统地分析不同同行选择和比率计算方法对公司估值准确性的影响，从而为公司估值实践提供更可靠的依据。

（二）财务比率的估值精准度

1.相对误差和绝对误差

由于可比公司集合对预测价格的影响不可忽视，公司 i 的财务比率（在给定年份 t）的相对误差 $E_i(m, C)$ 被定义为比率 m 和可比公司集合 C 的函数：

$$E_i(m, C) := \frac{\hat{P}_i(m, C) - P_i}{P_i} \tag{2.3}$$

其中，P_i 是目标公司 i 在年份 t 的实际股票价格，$\hat{P}_i(m, C)$ 是基于财务比率 m 和可比公司集合 C 预测的股票价格。用于评估财务比率准确性的目标公司 i 的基准股票价格 P_i 是公司 i 在财年结束后 3 个月的股票价格。

在这一公式中，$\hat{P}_i(m, C)$ 表示使用比率 m 和同行集合 C 预测的公司 i 的股票价格，而 P_i 则是实际的市场价格。通过比较这两者的差异，我们可以衡量财务比率方法的预测精度。

对于相对误差，它反映了预测价格与实际市场价格之间的差异，以评估所选财务比率的效果。相对误差越小，说明预测的准确性越高。

此外，绝对误差也可以用来进一步评估预测的准确性。绝对误差是预测价格和实际市场价格之间的绝对值差异，不考虑其方向性。

通过这种方式，我们可以系统地分析不同可比公司选择和比率计算方法对公司估值准确性的影响，为公司估值实践提供更可靠的依据。

2.整体准确性比较标准

学术文献在分析估值方法（m，C）的准确性时，通常会考察其定价相对误差 $E(m, C)$（定义见公式（2.3））或其绝对值 $|E|$。使用绝对误差意味着对正误差和负误差赋予相同的权重。精度的比较基于误差分布的特定统计数据。例如，Liu et al.（2002）和 Liu et al.（2007）研究了相对误差 E 的分布，并将“四分位距”作为主要的离散度衡量标准。另一个例子是，Alford（1992）指出，“不同方法的准确性可以通过绝对误差 $|E|$ 分布的中位数和第90百分位数来捕捉”。Cheng 和 McNamara（2000）使用了相同的两个分位数进行比较，而 Lie and Lie（2002）则关注于价格在实际价格20%以内的公司比例。Kaplan 和 Ruback（1995），Kim 和 Ritter（1999），Gilson、Hotchkiss 和 Ruback（2000），Lie 和 Lie（2002），则考虑了“误差小于15%的比例”，即绝对误差 $|E|$ 的第15百分位数。我们注意到，所有比较都使用了误差分布的百分位数。

在本书中，我们认为随机占优的概念为比较竞争性估值方法的准确性提供了一个自然的框架。它涵盖了上述所有标准，并允许进行精确的统计检验。尽管随机占优在金融研究中被广泛使用，特别是用于投资组合表现的比较（Agliardi et al.，2012；Belghitar et al.，2014；Kuosmanen，2004），但尚未应用于财务比率准确性的分析。

统计占优方法能够提供直观且全面的比较评估标准。如果在样本中，使用方法 X 估值的公司在特定误差范围内的比例高于方法 Y，并且这种情况在所有误差水平上都成立，则我们称估值方法 X 占优于定价方法 Y。

这一定义可以用估值方法 X 和 Y 的绝对误差 $|E|$ 的累积分布函数（CDF），F_X 和 F_Y 形式化表示。估值方法 X 占优于估值方法 Y（记为 $X \geqslant Y$），如果：

$$F_X(e) \geqslant F_Y(e) \tag{2.4}$$

对于所有误差 e 成立，那么在这种情况下，我们会更倾向于选择方法 X 而不是方法 Y。

如果 e 表示一个特定的绝对误差，例如20%，那么定义中的不等式 $F_X(e) \geqslant F_Y(e)$ 意味着使用方法 X 估值的公司在实际价格20%以内的比例大于或等于使用方法 Y 估值的公司比例。如果方法 X 占优于方法 Y，那么无论我们选择什么误差水平，方法 X 始终比方法 Y 提供更高的精度。

不等式（2.4）表明了两个误差分布相应百分位数之间的明确关系。对于一个 $p \in [0,\ 1]$，分布 X 的 $(p \times 100)\%$ 分位数定义为：

$$F_X^{-1}(p) \tag{2.5}$$

如果方法 X 占优于方法 Y，那么 $(p \times 100)\%$ 对于所有 $p \in [0,\ 1]$ 成立。换句话说，X 的所有分位数都小于相应的 Y 分位数。特别地，方法 X 的绝对误差中位数小于方法 Y 的中位数。文献中的大多数比较都是基于百分位数的，使用随机占优概念则是对现有方法进行了概括。

接下来，当建立两个估值方法 X 和 Y 之间的占优关系时，占优关系的强度将通过占优度量来衡量，记为 $dm(X, Y)$，定义见表 2-1。

表 2-1 **统计占优的度量**

关系	$dm(X, Y) :=$	含义
$X > Y$ 或 $F_X(e) > F_Y(e)$	$\sup_e(F_X(e) - F_Y(e)) > 0$	方法 X 比方法 Y 更精确
$X < Y$ 或 $F_X(e) < F_Y(e)$	$\inf_e(F_X(e) - F_Y(e)) < 0$	方法 Y 比方法 X 更精确
$X = Y$ 或 $F_X(e) = F_Y(e)$	0	方法 X 与方法 Y 同样精确
两种方法均不占优	无定义	两种方法无法进行比较

注：该表格定义了两个估值方法 X 和 Y 之间的支配度量 $dm(X, Y)$。F_X 和 F_Y 分别表示方法 X 和 Y 的绝对估值误差 $|E|$ 的累积分布函数（CDF）。

在表 2-1 中，“占优”意味着一个估值方法在任何给定的误差水平上都比另一个方法更精确。例如，当 $F_X(e)$ 始终大于 $F_Y(e)$ 时，方法 X 严格占优于方法 Y，这表明在任何误差水平上，方法 X 估值的公司比例都比方法 Y 更大。弱占优表示 $F_X(e)$ 至少在某些误差水平上大于 $F_Y(e)$。如果两个方法的 CDF 在所有误差水平上都相等，则表示两个方法的估值准确性相同。最后，如果两个方法的 CDF 在某些误差水平上互相交叉，则它们之间不存在占优关系。在实际操作中，在比较两个估值方法 X 和 Y 的准确性之前，需要估计 F_X 和 F_Y，即对应绝对误差的累积分布函数，并在建立估值方法之间的性能关系时考虑统计误差。有关如何严格执行此操作的详细信息，请参见本书附录 A 部分。

总而言之，表2-1中定义的占优概念为比较财务比率的准确性提供了最全面的标准，能够直接概括 Alford（1992），Cheng 和 McNamara（2000），Kaplan和Ruback（1995），Kim和Ritter（1999），Gilson等（2000），Lie和Lie（2002）所使用的方法。这些研究比较了竞争性财务比率的估值绝对误差分布的一些特定分位数，而随机占优方法则通过比较估值误差分布的所有分位数而得出的全面比较结论。

（三）可比公司集合

可比公司集合 C 的定义取决于可比公司选择标准以及集合的大小。

1.同行特征

估值相关文献指出，可比公司应在决定财务比率的维度上与目标公司具有相似性，这些维度包括风险、增长和现金流（Damodaran，2006；McKinsey，Koller，Goedhart and Wessels，2015）。业界和学术界（Liu et al.，2002；Lie and Lie，2002）通常定义可比公司为与目标公司处于同一业务范围的公司。这里的隐含假设是，同一行业的公司在风险、增长和现金流方面具有相当的相似性，因此可以进行合理的比较。另一种替代做法是寻找在估值基本面方面相似的公司。具体的风险、增长和现金流生成潜力的衡量指标则取决于所使用的财务比率。对于市盈率（P/E），Alford（1992），Cheng，McNamara（2000）比较了使用来自同一行业的同行与基于基本面（如风险，以总资产为代表；增长质量，以股本回报率（ROE）为代表）选择的同行的有效性。对于企业价值比率（EV/EBITDA），增长质量用投资资本回报率（ROIC）来衡量（Damodaran，2006；McKinsey et al.，2015）。

根据现有文献，我们决定采用最流行的六种方法来选择可比公司，这六种方法由以下三种公司特征两两组合构成：①行业归属；②公司规模（以总资产（TA）衡量）；③增长质量（分别以股本回报率（ROE）或投资资本回报率（ROIC）衡量）。六种同行选择标准是：行业（I），总资产（TA），股本回报率（ROE）/投资资本回报率（ROIC），I + TA，I + ROE/ROIC，ROE/ROIC + TA。对于行业标准，如果所得行业包含足够多的同行，公司会根据四位数SIC代码匹配同行。否则，我们将通过缩减SIC代码匹配位数逐步扩大行业定义，直到识别出足够多的公司。对于TA和ROE/ROIC标准，同行是指在TA或ROE/ROIC方面与目标公司最接近的公司。当使用I + TA或I + ROE/ROIC时，同行是在行业集合中（如上所述）在TA或ROE/ROIC方面最接近的公司。最后，基于TA + ROE/ROIC标准选择的同行是TA和ROE/ROIC方面最接近的公司的交集。

2.最佳可比公司规模

目标公司的财务比率值以及由此得到的预测价格不仅取决于可比公司的特征（行业、公司规模和公司绩效），而且取决于可比公司集合的规模。在文献中，尚无研究对可比公司集合规模的选择提供全面的讨论。例如，Cheng和McNamara（2000）讨论了当用于构建可比公司集合的SIC行业代码位数变化时，可比公司数量对估值准确性的影响。然而，他们并未讨论其他可比公司选择标准下的可比公司集合大小问题。

因此，我们的论文通过确定最佳可比公司数量来丰富现有估值相关的文献，该数量使得整体估值准确性优于其他基于不同可比公司数量的其他估值方法。用于估算财务比率的最佳可比公司数量$\left(k_{opt}\right)$的自然定义如下。用于估算财务比率的最佳可比公司数量$\left(k_{opt}\right)$是使估值至少与基于相同财务比率和相同可比公司选择标准的任何其他估值方法（但可比公司数量不同）同样准确的可比公司数量。不同可比公司数量选择的估值准确性通过随机占优进行评估，从而得到最佳的整体准确性。

具体来说，对于任意给定的一对财务比率估值组合（财务比率 + 可比公司选择标准），用 F_k 表示在预测财务比率时恰好使用 k 个同行时绝对误差$|E|$的累积分布函数（CDF）。然后，用于估算财务比率的最佳可比公司数量 k_{opt} 由以下条件定义：

$$F_{k_{opt}} \geqslant F_k forallk \neq k_{opt} \tag{2.6}$$

其中不等式的意义见表2-1。换言之，使用 k_{opt} 数量的同行进行定价的总体精确度比使用相同财务比率和同行选择标准但同行数量不同的任何其他定价方法更高。有关如何使该定义操作化的详细信息，请参见本书附录B。通过这种方法，我们可以系统地分析同行数量对估值准确性的影响，从而为实际操作中的公司估值提供更加科学和可靠的依据。

（四）样本和变量

我们的最终样本包括96 598家公司的年度观测，覆盖了1968—2012年之间的45年时间段。该样本是从CRSP/Compustat数据库中所有可用条目开始构建的，并删除了以下条件下的公司年度观测数据：

1.SIC 代码在 6 000 至 6 799 之间（金融行业公司）。

2.缺少构建财务比率和定义可比公司所需的变量。

3.EBITDA 或 E 的值为负。

4.财务比率在最大或最小 1% 的范围内。

5.所属的一级 SIC 行业集合包含的同行数量少于 50 个。此标准用于确保在使用行业选择标准时有足够的可比公司。

本书附录 B 的表格显示了上述每一步对应的样本大小减少情况。

表2-2　　P/E 和 EV/EBITDA 财务比率分布的描述性统计

比率	最小值	25%分位数	均值	中位数	75%分位数	最大值	标准差
P/E	3.22	10.44	23.52	15.77	24.82	301.60	28.37
EV/EBITDA	3.37	7.03	11.64	9.38	13.12	78.75	8.22

注：市盈率（P/E）比率在位置和离散度测度上都优于相应的企业价值比率（EV/EBITDA）。

表 2-2 提供了所研究的两种财务比率分布的描述性统计。我们注意到，无论是位置测度还是离散度测度，市盈率（P/E）比率都优于相应的 EV/EBITDA 企业价值比率。

用于构建财务比率的变量包括：普通股流通股数量（CSHO），扣除特殊项目后的每股收益（EPSPX），息税折旧摊销前利润（EBITDA），普通股股东权益（CEQ），净利润（NI），长期债务（DLTT），流动负债（LCT），优先股（UPSTK）和未付优先股股息（DVPA）。用于定义可比公司的变量包括：标准工业分类代码

(SIC)，总资产（TA）和股本回报率（ROE）/投资资本回报率(ROIC)。

股票收盘价（P）来自CRSP数据库，对应于报告期结束后的第三个月。每股企业价值（EV）定义为DLTT（按CSHO平减），LCT（按CSHO平减），UPSTK（按CSHO平减）和DVPA（按CSHO平减）以及股票收盘价（P）的总和。

三、分析

我们从本节开始介绍分析结果，这些结果为选择六个同行的最佳可比公司数量提供了数据上的支持。这些最佳选择随后被用来生成估值误差，本书其余部分将详细分析这些误差。

（一）估值准确性对可比公司数量的敏感性

图2-1展示了用于预测目标公司财务比率的可比公司数量对估值准确性的影响。这里的准确性通过中位绝对误差来衡量。这些结果为选择最佳可比公司数量提供了初始选择，后续部分将对此进行详细说明。

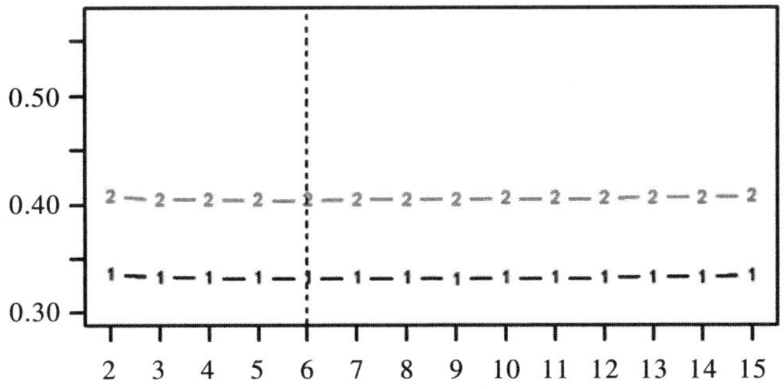

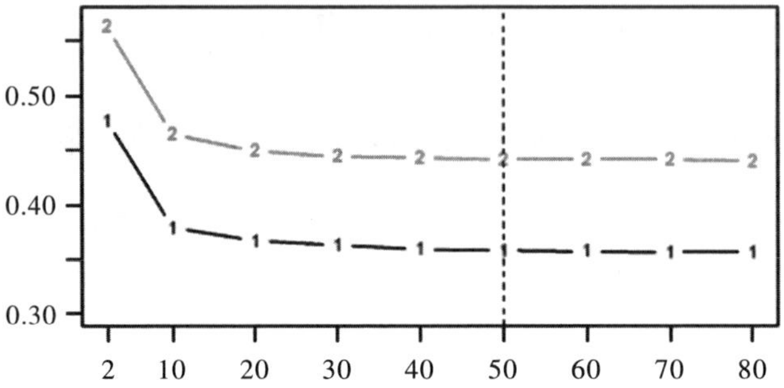
0.50
0.40
0.30
2 10 20 30 40 50 60 70 80

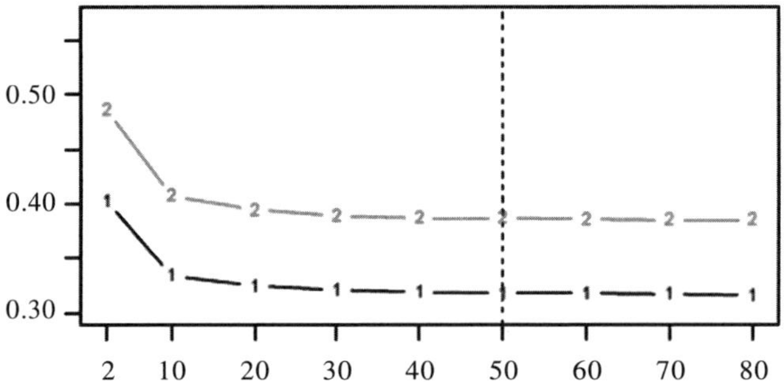
0.50
0.40
0.30
2 10 20 30 40 50 60 70 80

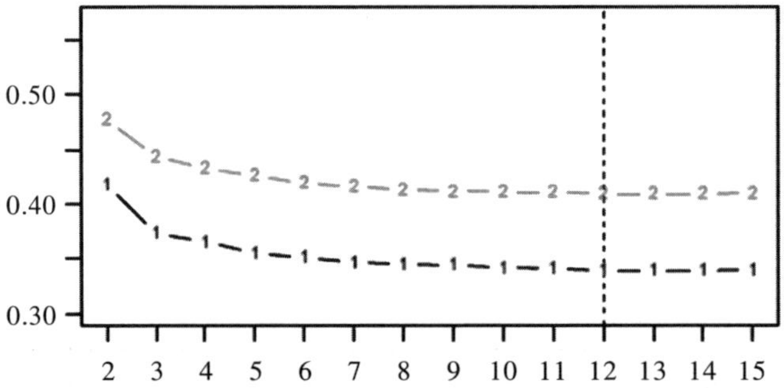
0.50
0.40
0.30
2 3 4 5 6 7 8 9 10 11 12 13 14 15

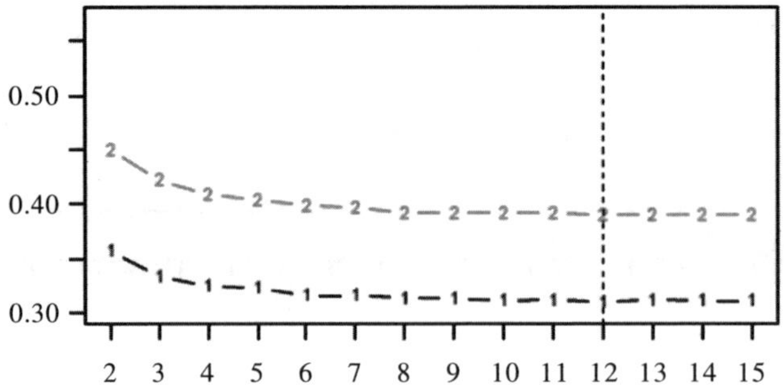
0.50
0.40
0.30
2 3 4 5 6 7 8 9 10 11 12 13 14 15

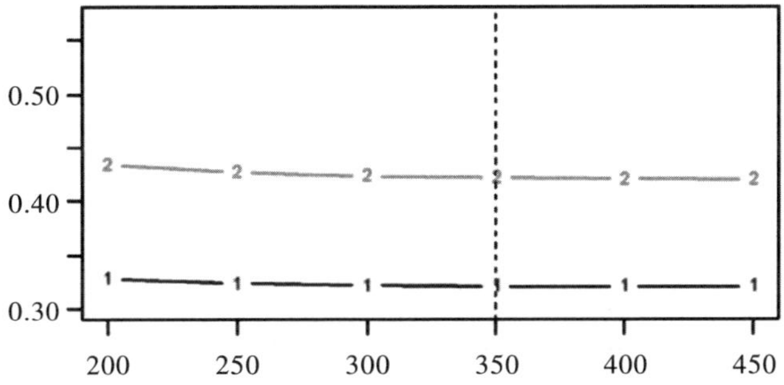

图 2-1　估值误差 $|E|$ 的中位数与可比公司数量

注：图分别对应6种同行选择方法：I 和 TA（第一个图、第二个图），ROE/ROIC 和 I + TA（第三个图、第四个图），I + ROE/ROIC 和 TA + ROE/ROIC（第五个图、第六个图）。每条曲线对应一个财务比率：(1) P/E，(2) EV/EBITDA。对于每种同行选择方法，两种比率表现出相同的模式。我们可以看到一个共同的财务比率排序现象：使用EV/EBITDA企业价值比率比使用P/E市盈率进行估值显示出更高的绝对误差中位数。基于 ROE/ROIC 标准的可比公司选择（第三个图和第五个图）是最为精确的选择标准。竖线表示按（6）定义的最佳可比公司数量 k_{opt}。

图2-1中的每个图表展示了两条中位绝对误差曲线（曲线1对应市盈率 P/E 和曲线2对应企业价值比率 EV/EBITDA），每条曲线对应使用6个可比公司选择标准之一进行估值。每个图表中的竖线表示每种同行选择方法的最佳可比公司数量（k_{opt}），具体定义见后文。当我们应用估值误差绝对值的中位数作为衡量标准时，图中的曲线展示了两个财务比率在估值表现上的一致精确关系。对于所有可比公司数量 k 和所有可比公司选择标准，EV/EBITDA（曲线2）表现出更高的中位绝对误差。因此，这些图表提供了关键参数的初始选项，同时也表明基于 P/E 市盈率的估值无论采用哪种可比公司选择标准，都更为准确。为了进一步证明通过公式（2.6）定义的最佳可比公司数量的选择动机，图2-1中通过中位误差衡量的估值精度分析需要通过使用随机占优的概念进行细化。由于详细介绍这种分析会使结果部分过于

冗长，我们将这些详细内容放在本书附录B，仅在这里讨论主要发现。

我们发现，最佳可比公司数量仅取决于可比公司选择方法，而不取决于使用的财务比率。对于行业标准（I），所有3到15的可比公司数量都产生同样精确的估值，而大于16的k是次优的。Alford（1992）使用了$k = 6$，而Cheng and McNamara（2000）发现中位绝对误差的最小值出现在$k = 7$。我们的分析将使用6作为最佳可比公司数量：$k_I^{opt} = 6$。

对于TA和ROE/ROIC标准，我们的最佳可比公司数量选择是$k_{opt}^{TA,\ ROE/ROIC} = 50$。小于30的值比我们的选择表现更差，而大于40的值产生的估值在统计上与使用50的最佳同行数量一样精确。值得一提的是，Cheng and McNamara（2000）选择了$k^{TA,\ ROE} = 6$，这个值远低于最佳值（如图2-1第三个图所示）。这种选择很可能影响了基于ROE和TA标准选择的同行的估值准确性。特别是对于P/E市盈率，他们发现基于ROE的估值表现不佳，仅次于TA。与他们的发现相反，我们记录了P/E和ROE组合的优异表现。该估值方法组合在我们所分析的估值方法中是第二精确的。

对于I + TA和I + ROE/ROIC标准，最佳选择是$k_{opt}^{I+TA,\ I+ROE/ROIC} = 12$，而对于TA+ROE/ROIC同行选择方法，最佳选择是$k_{opt}^{TA+ROE/ROIC} = 350$。小于10（对于I + TA和I + ROE/ROIC）或250（对于TA + ROE/ROIC）的值比我们的选择严格表现更差。大于10（对于I + TA和I + ROE/ROIC）和300（对于TA + ROE/ROIC）的估值精准度分别产生与我们所选择的估值方法的精准度一致。

总而言之，除了行业之外，用于估值的最佳可比公司数量实际上是一个门槛。使用任何高于该门槛的值进行估值在统计上产生同样精确的结果。最佳门槛是特定于同行选择标准的。当用于选择可比公司的公司池特别大时，使用较少的可比公司来估算目标比率会引入不必要的误差。

（二）估值误差分析

本节将比较基于所研究的两种财务比率估值而得出的绝对误差$|E|$。这些误差对应于使用前一节中确定的最佳同行数量来定义可比公司集合的估值。首先，我们采用估值文献中常见的视角，通过误差分布的几个特定百分位数来评估准确性。这些结果与相关文献中的结果具有可比性。在之后的分析中，我们报告基于随机占优概念的全面分析结果，该分析比较了两个误差分布的所有分位数。相较于现有研究结果，这一比较结果更为全面且更具普遍性。

1.汇总统计

表2-3显示了所研究的（2个财务比率）×（6个同行选择方法）估值方法的估值误差绝对值的分布中位数、25%、75%和90%分位数（表左半部分为通过中位数预测的财务比率，表右半部分为通过调和平均数预测的财务比率）。这些方法按绝对误差的中位数从小到大排序。表中的数值可以直接与Alford（1992）和Cheng and McNamara（2000）中的数值进行比较。

表2-3　　**绝对误差分布的描述性统计**

序号	比率	标准	中位数				调和平均数			
			25%分位数	中位数	75%分位数	90%分位数	25%分位数	中位数	75%分位数	90%分位数
1	P/E	I+ROE	0.13	0.30	0.55	0.86	0.14	0.30	0.52	0.77
2	P/E	ROE	0.15	0.31	0.54	0.84	0.15	0.31	0.52	0.75
3	P/E	TA+ROE	0.14	0.31	0.54	0.81	0.14	0.31	0.53	0.76

续表

序号	比率	标准	中位数				调和平均数			
			25%分位数	中位数	75%分位数	90%分位数	25%分位数	中位数	75%分位数	90%分位数
4	P/E	I	0.14	0.32	0.59	0.89	0.14	0.32	0.56	0.83
5	P/E	I+TA	0.14	0.33	0.61	0.92	0.15	0.32	0.57	0.84
6	P/E	TA	0.16	0.35	0.61	0.90	0.16	0.34	0.58	0.84
7	EV/EBITDA	I	0.17	0.38	0.68	1.12	0.17	0.37	0.66	1.04
8	EV/EBITDA	I+ROIC	0.17	0.38	0.68	1.15	0.17	0.38	0.66	1.05
9	EV/EBITDA	I+TA	0.18	0.39	0.70	1.17	0.18	0.38	0.67	1.07
10	EV/EBITDA	TA+ROIC	0.19	0.40	0.70	1.16	0.19	0.40	0.69	1.09
11	EV/EBITDA	ROIC	0.20	0.41	0.72	1.19	0.19	0.41	0.70	1.11
12	EV/EBITDA	TA	0.20	0.42	0.73	1.19	0.20	0.41	0.71	1.11

表 2-3 中的离散度测量值大于 Alford（1992）和 Cheng and McNamara（2000）中的类似值，可能反映了我们的样本更大这一事实。对绝对误差中位数差异的假设检验表明，表 3 中前三个财务比率和同行选择组合具有统计上相等的绝对误差中位数。所有其他组合的绝对误差中位数显著更高，并且 EV/EBITDA 在所有同行选择标准下都产生了最高的中位数误差。

2.随机占优分析

表2-4展示了基于所研究的两种财务比率的估值的占优排序。它显示了表2-1 中定义的占优度量，计算了所有可能的估值方法对的占优情况。

表2-4 企业价值比率 EV/EBITDA 和

市盈率 P/E 在估值表现上的占优排序

	比率	同行	1	2	3	4	5	6
1	P/E	ROE+I	=					
2	P/E	ROE（+TA）	1	=				
3	P/E	I（+TA）	3	2	=			
4	P/E	TA	6	5	3	=		
5	EV/EBITDA	ROIC+I	8	7	6	4	=	
6	EV/EBITDA	I，ROIC，TA，ROIC+TA	10	9	7	4	3	=

注：表中的$(i,\ j)$项表示占优度量$dm(F_j,\ F_i)$的值（见表2-1和定义(2.9)），其中F_i是排名中由表前两列给出的第i名财务比率和同行选择标准组合。在位置（5，1）的值8表示（P/E，ROE+I）（1）组合占优（EV/EBITDA，ROIC+I）（5）组合，并且两种方法的绝对相对定价误差的估计CDF之间的差异最多为8%，即$0 \leqslant F_1(e) - F_5(e) \leqslant 8\%$。

表中的$(i,\ j)$项表示占优度量$dm(F_j,\ F_i)$的值，如表2-1所述，其中F_i是排名中由表前两列给出的第i名财务比率和同行选择标准组合。我们注意到，在所有成对比较中，都可以建立占优关系。表2-4的结果允许得出一些重要且明确的结论。

基于P/E市盈率的任何估值总体上都比任何基于EV/EBITDA的估值更准确。换句话说，最准确的EV/EBITDA估值方法也不如最不精确的P/E估值方法（占优度量显著为7%）。

EV/EBITDA显著低于P/E的精确性：对于任何误差水平$e = 0.01,\ 0.10,\ 0.25,\ \cdots$，由最准确的P/E估值定价的公司比例高于由最精确的EV/EBITDA方法定价的公司比例。此外，对于某些误差水平，两者之间的差异可以高达 11%。

另一个结论是，在 P/E 估值框架内，TA 标准是选择同行的最不理想标准。首先，通过包含 TA 信息来增强基于行业或 ROE 的可比公司选择并不能提高估值的精度（表中的第二和第三项）。其次，（P/E，TA）组合在 P/E 财务比率中产生了最不精确的定价。

为了更直观地展示表 2-4 中准确性差异的大小，图 2-2 展示并比较了最准确的 P/E 估值组合（即 P/E，ROE+I）和最准确的 EV/EBITDA 估值组合（即 EV/EBITDA，ROIC+I）的估值误差分布。第一个图显示了两组估值误差的 CDF，而第二个图显示了它们之间的差异以及 99% 置信区间（统计细节见本书附录 A 部分）。

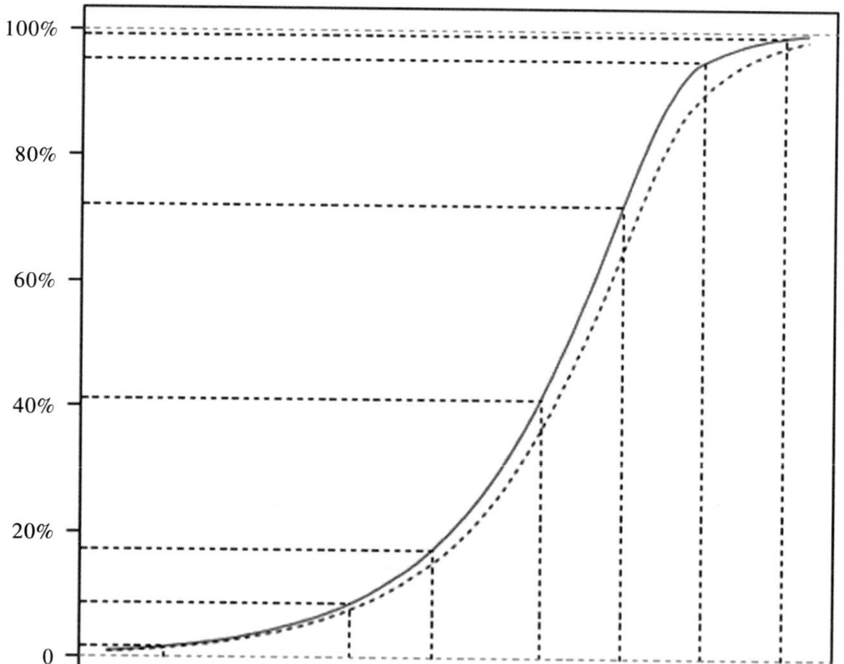

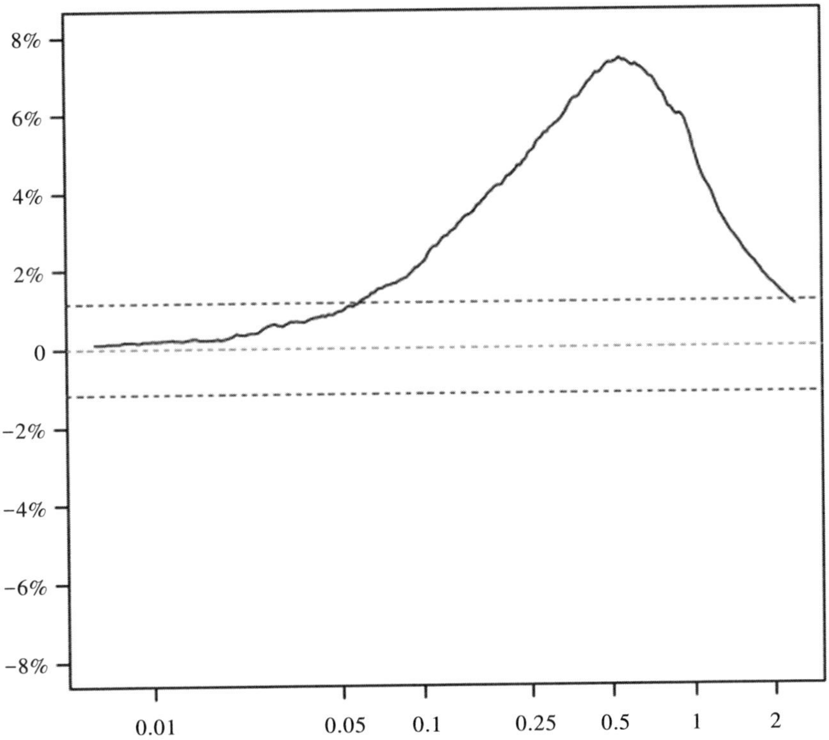

图 2-2　特定估值组合（财务比率 + 可比公司选择标准）的 *E* 的累积分布函数（CDF）及差异

注：第一个图表展示了由估值对（市盈率P/E，I + ROE）（实线）和（企业价值比率EV/EBITDA，I + ROIC）对应的估值误差累积分布函数。第二个图显示了两条CDF曲线的差异，并附有基于Kolmogorov-Smirnov统计量的99%置信带（详见本书附录A部分）。

（三）补充结果

在本书中，我们将展示有关P/E市盈率和EV/EBITDA企业价值比率之间准确性差异的补充结果：（1）当使用中位数而不是调和平均数来聚合同行的财务比率时的结果；（2）随着时间推移和按行业分类的结果；（3）当使用前瞻性数据时的结果。

1.中位数与调和平均数

我们首先讨论使用中位数或调和平均数来聚合同行财务比率对估值准确性的差异。基于调和平均数估计的误差分布在随机占优上优于基于中位数估计的误差分布。通过占优度量衡量的精度提升约为2%，相对较小（如图2-3所示）。

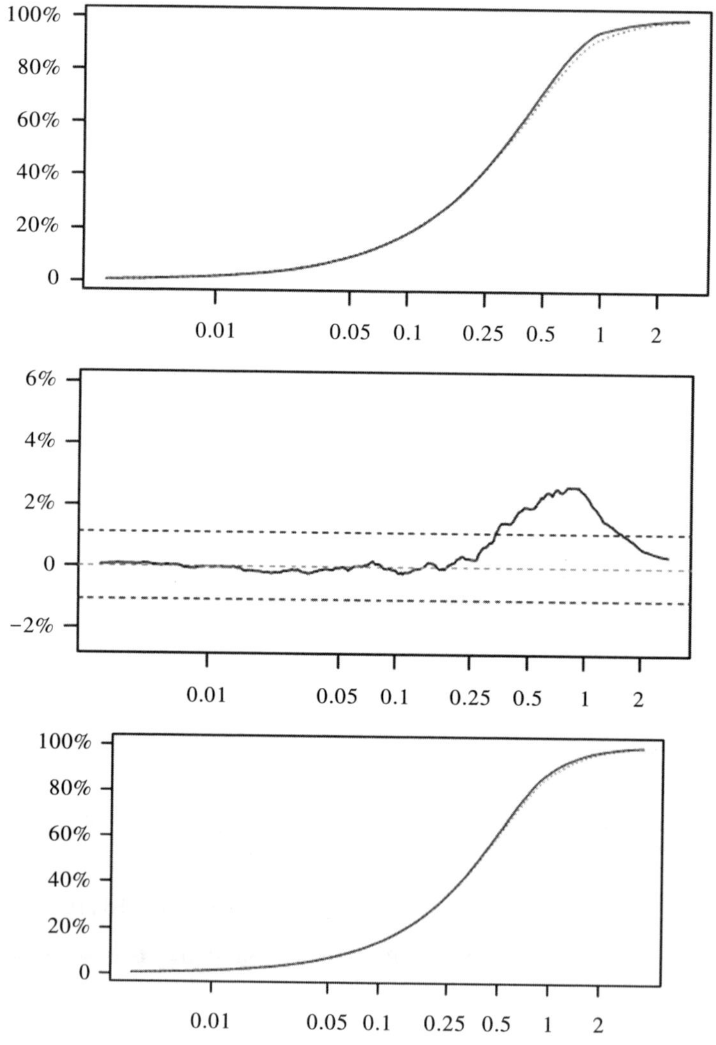

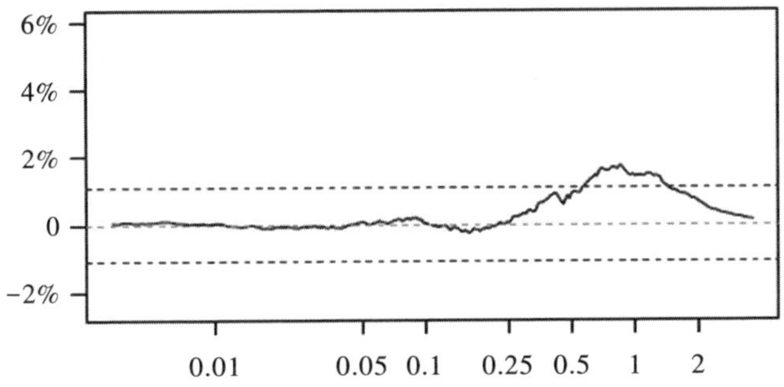

图 2-3 中位数与调和平均数的比较

注：该图展示了 *E* 的估计累积分布函数（第一个图和第三个图）及其差异（第二个图和第四个图），分别针对估值组合（市盈率 P/E，I + ROE）（第一个图和第二图）和（企业价值比率 EV/EBITDA，I + ROIC）（第三个图和第四个图），对比了采用两种财务比率估值误差的累积分布函数。当目标公司财务比率取可比公司财务比率的中位数（第一个图）时，以及取调和平均数（第三个图）时的误差分布。第二个图和第四个图展示了两条 CDF 曲线之间的差异，并标注了基于 99% 置信水平的置信带（具体方法详见本书附录 A）。

2.准确性的时间演变

由于 EV/EBITDA 企业价值比率在过去 10 年间受到实践者的青睐，分析这种比率多年来的准确性是很有趣的。本书首先在整个样本中，然后在 8 个按照 SIC 行业代码第一位的同行业中，分析 P/E 市盈率和 EV/EBITDA 之间准确性差异的时间演变。我们将原始样本分为 9 个 5 年区间，并在每个区间重复了前文中详细介绍的分析。图 2-4 第一个图展示了此分析的主要发现。它展示了在表 2-4 中的顶级方法（所有基于 P/E 的估值）以及表现最佳的基于 EV/EBITDA 的方法与每个 5 年期间表现最佳的方法之间准确性差异的演变。值得注意的是，P/E 和 I + ROE 组合在所有 9 个 5 年区间内一直是表现最好的估值方法。估值精准度表现最佳的 EV/EBITDA 的估值方法与表现最佳的 P/E 估值方法相比，尽管二者之间的差距随着时间的推移而减少，但前者的估值精准度显著低于后者。表现最佳的 EV/EBITDA 的估值与表现最佳的 P/E 估值的最小差距对应于最近的 5 年期，高达 7%。

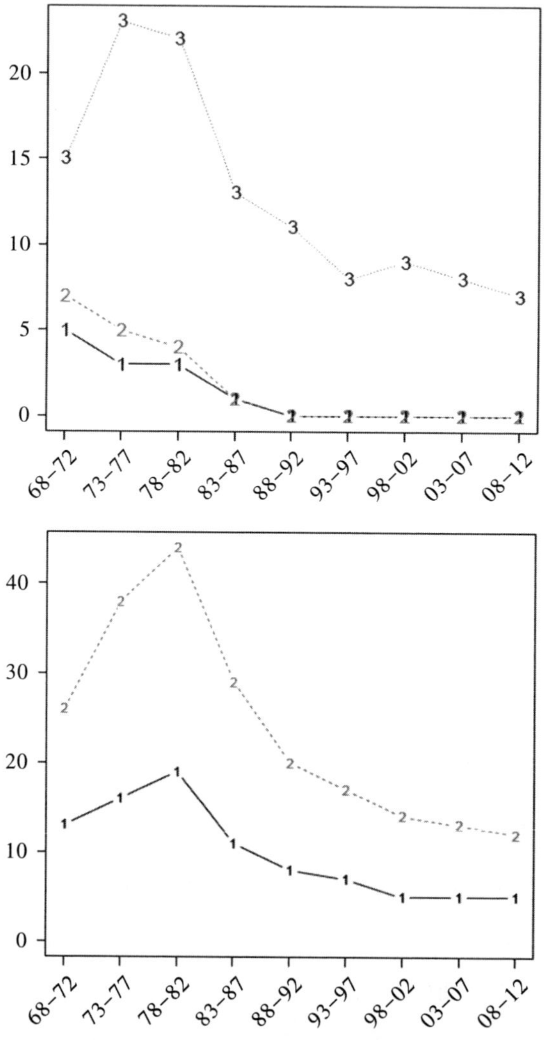

图 2-4　准确性差距的时间演变

注：第一个图- 整体样本：在第二和第三准确的 P/E 估值方法（即（P/E，ROE）（曲线 1）和（P/E，I）（曲线 2））与表现最好的基于 EV/EBITDA 的方

法（即（EV/EBITDA，ROIC+I）（曲线3））以及每个子时期的最佳P/E估值方法之间的准确性差距的时间演变。准确性差距通过占优度量来衡量。尽管与表现最佳的P/E估值方法的差异随着时间的推移而减少，但表现最好的EV/EBITDA方法仍然明显较差。与表现最佳的估值的最小差距对应于最近的五年期，高达7%。第二个图–1位数SIC行业：在两个行业中表现最佳的P/E估值方法与表现最佳的EV/EBITDA方法之间占优度量的时间演变，这两个行业分别是差距最小（曲线1）和最大（曲线2）的行业。较低的曲线对应于制造业（SIC 2），而较高的曲线对应于运输、通信和公用事业（SIC 4）。其他行业的EV/EBITDA估值表现差距介于这两条曲线之间。对于EV/EBITDA方法表现最佳（最差）的行业，最小差距为5%（15%），并且在最近的时间段内达到了这一水平。

我们将原始样本分为9个5年区间，并在每个区间重复了前文中详细介绍的分析。图2–4第一个图展示了此分析的主要发现。它展示了在表2–4中的顶级方法（所有基于P/E的估值）以及表现最佳的基于EV/EBITDA的方法与每个五年期间表现最佳的方法之间准确性差异的演变。值得注意的是，P/E和I + ROE组合在所有9个5年区间内一直是表现最好的估值方法。估值精准度表现最佳的EV/EBITDA的估值方法与表现最佳的P/E估值方法相比，尽管二者之间的差距随着时间的推移而减少，但前者的估值精准度显著低于后者。表现最佳的EV/EBITDA的估值与表现最佳的P/E估值的最小差距对应于最近的5年期，高达7%。

对于P/E估值，值得注意的是，虽然在样本初期，I + ROE同行选择标准产生了更精确的估值，但从1990年至今，前三个可比公司选择标准产生了同样准确的定价，显示了可比公司选择标准重要性有所降低。

如前文所述，EV/EBITDA是某些行业分析师的首选比率

（Block，2010）。这种偏好似乎意味着这种财务比率在某些行业中的估值准确性更高。本书接下来将深入探讨了该问题。

对于每个5年区间和每个由第一位SIC代码所定义的8个行业，我们确定了表现最佳的P/E和EV/EBITDA估值组合。我们发现，不论行业如何，尽管差距在缩小，但每个7年期的最佳P/E估值都优于相应的最佳EV/EBITDA估值。

图2-4的第二个图展示了分析的最显著结果。它显示了两种最极端的行业的结果：运输、通信和公用事业（SIC代码4），这是EV/EBITDA估值与最佳P/E估值之间精度差距最大的行业，以及制造业（SIC代码2），这是差距最小的行业。因此，其他行业的EV/EBITDA估值表现差距介于这两条曲线之间。对于EV/EBITDA表现最差（最好）的行业，占优差距随时间从45%（20%）缩小到15%（5%）。

3.前瞻性比率

本章节对一个更小但是数据更加完备的样本进行了相关分析，并展示了统计占优的分析结果，这些公司均有分析师对未来净利润和税前息前折旧前摊销前利润提供预测。所考虑的比率是P/FE1，即股价（P）除以未来第一年年末的每股收益（EPS）；P/FE2，即股价（P）除以未来第二年年末的每股收益（EPS）；以及EV/FEBITDA，即每股企业价值除以未来第一年年末的EBITDA，按普通股流通股数量（CSHO）平减。可比公司选择方法如前文所述，但不包括TA + ROE/ROIC。关于可比公司数量的最佳选择分析，详见本书附录B.4部分。表2-5显示了通过结合4个前瞻性比率与5种可比公司选择方法获得的估值方法的占优结构。

表2-5　　基于前瞻性财务比率估值表现的统计占优排序

	比率	同行	1	2	3	4	5	6
1	P/FE2	全部标准	=					
2	P/FE1	全部标准	6	=				
3	P/E	I+ROE	18	13	=			
4	EV/EBITDA	I，TA，I+TA，I+ROIC	23	17	7	=		
5	EV/EBITDA	TA	25	20	9	1	=	
6	EV/EBITDA	ROIC，TA+ROIC	28	22	11	7	2	=

注：表中的$(i,\ j)$项表示占优度量$dm(F_j,\ F_i)$的估计值（见表2-1和定义（2.9）），其中F_i是由表前两列给出的排名中的第i对（财务比率、同行选择）。表中第四行第1列的数值23表示使用P/FE2比率并结合任何同行选择方法（1）的估值优于基于EV/FEBITDA比率并结合4种同行选择方法（I，TA，I+TA，I+ROIC）的估值（4），并且两组方法的绝对相对定价误差的估计累积分布函数（CDF）之间的差异最多为23%，即$0 \leq F_1(e) - F_5(e) \leq 23\%$。

基于未来收益预测的前瞻性比率在精度上占优，其中P/FE2是最准确的，不论使用哪种同行选择方法，其次是P/FE1。前瞻性P/E比率在历史P/E估值上占优（分别为18%和13%）。这证实并扩展了Liu等（2002）的发现。基于未来EBITDA的前瞻性比率表现显著较差：相对于P/FE2的占优度量为-23%。即使是表现最佳的历史P/E估值（在该样本中再次是P/E，I + ROE）也比EV/EBITDA更准确（至少7%的占优度量）。

四、P/E与EV/EBITDA的差异

为了更好地理解上一节中所发现的结果，本书将详细分析这两种财务比率在定义上的差异及其对准确性差距的影响。具体而言，我们将深

入探讨 P/E 市盈率和 EV/EBITDA 企业价值比率的两个关键组成部分：企业价值减去股权价值（EV-P）或负债（这与两个比率的分子部分相关）以及 EBITDA 减去净收入（E）（这与两个比率的分母部分相关）。

P/E 市盈率主要通过公司股价（Price，P）除以每股收益（Earnings Per Share，EPS）来计算，因此其核心在于股价和净收入之间的关系。而 EV/EBITDA 企业价值比率则是通过企业价值（Enterprise Value，EV）除以息税折旧摊销前利润（EBITDA）来计算，其核心在于企业整体价值与其经营收益能力之间的关系。

在分析过程中，EV-P 的部分主要涉及负债（Debt）的影响。企业价值（EV）不仅包括股权价值（Equity Value），而且包含了企业的债务负担。因此，EV-P 反映了企业的资本结构，特别是负债的规模。这与 P/E 市盈率的分子部分仅考虑股价有所不同。负债的存在可能会使 EV/EBITDA 企业价值比率在某些情况下更加准确，特别是当负债水平较高时，它可以更全面地反映企业的财务健康状况。

另一方面，EBITDA-E 的部分主要涉及收益的构成。P/E 市盈率的分母是净收入（E），而 EV/EBITDA 企业价值比率的分母是 EBITDA（息税折旧摊销前利润）。EBITDA 通常被认为是一种更接近企业实际经营能力的指标，因为它排除了税收、利息、折旧和摊销的影响。因此，当企业存在大量特殊项目或一次性项目时，EBITDA 可能比净收入更能准确反映企业的盈利能力，这也可能导致 EV/EBITDA 企业价值比率在这些情况下比 P/E 市盈率更为准确。

通过详细分析这两个关键组成部分的影响，我们可以更深入地理解为什么 P/E 市盈率和 EV/EBITDA 企业价值比率在不同情况下的表现会有所不同。这种分析有助于解释前一节中的发现，即 P/E 市盈率在大多数情况下表现更为准确，但在某些特定条件下（如负债水平较低或有大量特殊项目的情况下），EV/EBITDA 企业价值比率可能会表现得更好。

（一）发现

在分析 P/E 市盈率和 EV/EBITDA 企业价值比率两个财务比率分子之间的差异对准确性的影响时，我们实际上试图了解负债（Debt）如何影响这两种财务比率的相对精度。为了更深入地进行分析，我们将负债水平分为三个类别：低负债、中等负债和高负债。虽然分子差异仅仅包含一个简单的项目，即负债，但分母之间的差异（EBITDA 减去净收入，即 EBITDA-E）包含了多个项目：折旧和摊销（Depreciation and Amortization，D&A）、利息和税收（Interest and Taxes，I&T），以及经营外项目（Non-Operating Items，NOPI）和特殊项目（Special Items，SPI）。为了理解 EBITDA 和净收入之间差异的水平（EBITDA-E）如何影响财务比率的相对准确性，我们将公司根据这个维度分成三组：EBITDA 和净收入之间的差异分别为低、中和高。基于 EV-P 和 EBITDA-E 水平的占优排序见表2-6。

表2-6　　**基于 EV-P 和 EBITDA-E 水平的占优排序**

Debt	EBITDA-E			归因于EBITDA-E的差异
	低	中	高	
低	0%（=）	-4%（4）	-16%（6）	-16%
中	13%（4）	15%（6）	12%（6）	1%
高	12%（6）	17%（6）	25%（6）	13%
归因于Debt的差异	12%	21%	41%	

注：表格报告了在给定子样本中最准确的 P/E 市盈率估值方法相对于最佳 EV/EBITDA 企业价值比率估值方法的统计占优程度。括号中的数字表示方法在总体层次结构中的位置差异（类似于表2-4）。符号“=”表示在给定子样本中，两种最精确的估值方法具有相同的准确性。负值表示 EV/EBITDA 企业价值比率比 P/E 市盈率更精确的情况。

具体来说，我们将债务与企业价值（EV）的比率的33%和66%百分位数作为界限（分别对应于企业价值的0.2和0.4），以及EBITDA中EBITDA-E所占的比例（对应于EBITDA的0.5和0.65）。基于这些界限，我们对由这两个维度的不同水平定义的9个子样本进行了随机占优分析。

表2-7显示了这两个差异对两个财务比率之间的准确性差距都有影响。然而，这些影响在性质上是不同的。一方面，负债（EV-P）对EV/EBITDA企业价值比率相对准确性的影响是负面的。随着负债水平的增加（从低负债组到高负债组），EV/EBITDA企业价值比率的表现（通过占优度量衡量）在低EBITDA-E差异情况下恶化了12%，在中等EBITDA-E差异情况下恶化了21%，在高EBITDA-E差异情况下恶化了41%。另一方面，EBITDA和净收入之间差异的影响则更为复杂，并且取决于负债的水平。当负债水平较高时，从低差异转向高差异会使EV/EBITDA的相对准确性降低13%。对于中等水平的负债，EBITDA和净收入之间的差异从低到高不会显著影响EV/EBITDA的相对准确性（差异为1%）。最后，如果负债水平较低，EBITDA和净收入之间的较大差异会提高EV/EBITDA的相对准确性16%。对于九个子样本中的两个（低负债、中等EBITDA-E和低负债、高EBITDA-E），我们发现EV/EBITDA企业价值比率优于P/E市盈率。

表2-7　　**基于EV-P和EBITDA-E水平的占优排序**

Debt	EBITDA-E			
	低	中	高	归因于EBITDA-E的差异
低	0（=）	-5%（4）	-20%（6）	-20%
中	9%（4）	14%（6）	13%（6）	5%

续表

Debt	EBITDA-E			
	低	中	高	归因于EBITDA-E的差异
高	7%（6）	12%（6）	24%（6）	17%
归因于Debt的差异	9%	19%	45%	

注：表格报告了在给定子样本中最准确的P/E市盈率估值方法相对于最佳EV/EBITDA企业价值比率估值方法的占优度量。括号中的数字表示方法在总体层次结构中的位置差异（类似于表2-4）。符号“=”表示在给定子样本中，两种最精确的估值方法具有相同的准确性。负值表示EV/EBITDA企业价值比率比P/E市盈率更精确的情况。

综上所述，我们得出结论，负债是最一致影响准确性的因素：无论EBITDA和净收入之间的差异水平如何，只要负债项足够大（占样本的66%），EV/EBITDA的估值就比P/E市盈率的估值不精确。只有在负债水平较高时，EBITDA和净收入之间的差异才会对EV/EBITDA的准确性产生负面影响。当负债水平相对较低时，即占样本的三分之一，EV/EBITDA的精度至少与P/E市盈率一样好。对于至少10%的研究年度，EV/EBITDA的准确性显著高于P/E市盈率。

（二）EBITDA-E影响的增量分析

前一节的结果引发了一个自然的问题：为什么在低负债公司的情况下，EBITDA和E之间的较大差异（EBITDA-E）会导致EBITDA的相对准确性提高？在本书的分析中，我们将证明一个可能的解释，即并非所有项目都为市场参与者提供了相关信息。这些项目包括特殊项目（Special Items，SPI），还有可能包括经营外项目（Non-Operating Items，NOPI）。我们的分析与财务报告文献中的一个有趣研究流派相联系，这些研究表明，在过去几十年里，非经常性和特殊项目的频率和规模显著增加，但关于资本市场参与者对这些项目披露的反应仍存在争论（Burgstahler et al.，2002；Cready et al.，2012；Dechow and Ge，2006；Johnson et al.，2011；McVay，2006；Riedl and Srinivasan，2010）。表2-8展示了对低负债公司年份的额外分析结果，这些公司年份代表了样本的三分之一（表2-7中的第一行）。该表将公司分为三个子组，分别对应于单个项目（或组合项目）在EBITDA和E之间差异值的低、中和高水平。对于每个水平，我们报告了最优P/E市盈率估值相对于最优EV/EBITDA企业价值比率估值的占优度量，以及它们在排名上的差异。对于排名差异，当差异为正值时，最高值为6（EBITDA和E之间差异较大的组），这对应于所有P/E市盈率估值均优于最佳EV/EBITDA企业价值比率估值。负值则表明EV/EBITDA企业价值比率比P/E市盈率更精确的情况。

表2-8　　**基于EBITDA和E之间差异项目组的占优排序**

科目	水平		
	低	中	高
EBITDA-E	0（=）	-5%（4）	-20%（6）
I&T	0（=）	0（=）	0（=）
D&A	0（=）	0（=）	0（=）
-SPI	0（=）	0（=）	-12%（6）
-NOPI	0（=）	0（=）	-5%（6）
-SPI-NOPI	3%（3）	0（=）	-14%（6）

注：本表报告了在低负债公司年份子样本中，最优P/E市盈率估值相对于最优EV/EBITDA企业价值比率估值的占优度量。括号中的数字表示该方法在总体层次结构中的位置差异（类似于表2-4）。符号“=”表示在给定子样本中，两种最精确的估值方法具有相同的准确性。负值表明在这种情况下，EV/EBITDA企业价值比率比P/E市盈率更精确。

我们分析了五组项目（I&T利息与税务支出，D&A折旧与摊销，SPI特殊项目科目，NOPI营业外收入，SPI&NOPI），并将表2-8中的数值解释如下：对于给定的一组项目和一个给定水平，占优度量的负值（正值）表明EV/EBITDA（P/E）估值的精确度优于P/E（EV/EBITDA）估值。由于这些项目的数值仅对P/E市盈率有影响，我们将其解释为这些项目不（或）为投资者传递信息的证据。基于不受项目影响的比率（EV/EBITDA）设定的价格比基于受项目影响的比率（P/E）更接近市场价格。

表2-8的结果清楚地表明了哪些项目组和哪些水平似乎没有向市场参与者传递信息。按相关性顺序，它们分别是：大量的特殊项目收入或大量的营业外收入。当SPI和NOPI为负且占EBITDA的很大比例时，EV/EVITDA相对P/E的占优度量为-14%，显示出强烈的优势。在具有大量负值SPI的公司子样本中，占优度量几乎同样强（-12%），而对于具有大量负值NOPI的公司，占优度量则显著较弱（-5%）。在其他情况下，当这五组项目占EBITDA的比例较小时，P/E占优；当这五组项目占EBITDA的中等比例时，P/E和EV/EBITDA的精确度相同。

从表2-8中可以看到，在低负债的情况下，尽管某些项目组合可能会影响P/E和EV/EBITDA的估值准确性，但总体趋势是，当这些项目（特别是SPI和NOPI）占EBITDA比例较高时，EV/EBITDA的估值精确度高于P/E。这进一步证明了这些项目可能不会为市场参与者提供有价值的信息，而P/E市盈率的估值则容易受到这些项目的影响。

总结来看，当负债水平较低时，EBITDA和E之间的差异对EV/EBITDA的估值准确性有显著影响，特别是在特殊项目和经营外项目负值较大时，EV/EBITDA的估值更为精确。而当负债水平较高时，EBITDA和E之间的差异对估值准确性的影响则较小。

（三）经调整后的收益的影响

以上研究结果表明，对净收益进行一些明显的调整，可能会使其与市场价格更加一致。正如之前所提到的，对于那些EV/EBITDA企业价值比率估值精确度较高的项目和水平，我们认为这些项目并没有向投资者传递相关信息：从EBITDA中移除相关项目来构建净收益会导致P/E市盈率的估值与市场价格不一致。因此，一个更好的经营业绩衡量标准应该将相关项目加回到净收益中。通过将GAAP收益重新定义为扣除相关项目之前的收益，可以生成一个与市场价格更一致的经营业绩衡量指标。由于这些项目的数值是负数，因此，重新调整后的净收益将会更高。

本书旨在评估这一假设的合理性。更具体地说，我们构建了三种类型的经调整后的收益。对于那些低负债且具有极端负值特殊项目（Special Item，SPI）、营业外收入（Non-Operating Income，NOPI）或它们的总和的公司年份，将收益重新定义为扣除相关项目（或项目总和）之前的收益。我们随后使用6种同业选择标准和上文中描述的最优同业数量进行新的估值（见表2-9）。

表2-9　**基于调整后收益的P/E市盈率与替代估值方法之间的主导排序**

基于调整后收益的比率		
P/（E-SPI）	P/（E-NOPI）	P/（E-SPI-NOPI）
-13%（6）	0%（=）	-14%（6）

注：本表报告了最准确的P/E市盈率估值与基于调整后收益的价格/收益比估值之间的主导度量。对于低负债且具有极端负值项目（或项目总和）的公司年份，将收益重新定义为相关项目前的收益。括号中的数字表示方法在总体层次结构中的位置差异（类似于表2-4，但将EV/EBITDA企业价值比率替换为新的比率）。符号“=”表示两种最精确的估值方法同样准确。负值表示基于调整后收益的价格/收益比比率比基于GAAP收益的价格/收益比比率更精确的情况。

表2-9展示了结果。虽然对于那些受大额负值NOPI影响的公司年份，重新定义市盈率分子并没有提高P/E市盈率的估值精确度，但对于那些受大额负值SPI影响的公司年份，重新定义市盈率分子能够让P/E市盈率的估值精确度提高13%。当对受大额负值SPI+NOPI影响的公司年份，重新定义市盈率分子部分能够让估值精确度提升14%。

经过总结，我们发现那些具有大额负值SPI或SPI+NOPI的公司，其价格似乎更能反映在GAAP准则下考虑SPI和NOPI之前的经营业绩。这些发现有助于理解为什么分析师跟踪服务越来越倾向于报告扣除负值特殊项目之前的收益（Bradshaw and Sloan，2002）。如果负值特殊项目没有向投资者传递信息，那么扣除特殊项目之前的净收益将是更好的经营业绩衡量标准。

（四）导致估值精度差距缩小的原因分析

从表2-7、表2-8和表2-9中可以看出，精度差距（其时间演变如图2-4所示）是两种相反效应综合作用的结果。在样本中，中高负债的公司会对企业价值比率（EV/EBITDA）的精度产生负面影响，而低负债且特殊项目（SPI）和经营外项目（NOPI）之和为负值较大的公司（因此其GAAP收益被低估）则会影响P/E市盈率估值的准确性。最终的精度差距的方向和大小取决于具有这些相反特征的公司比例。为了更好地理解这种相互作用，图2-5展示了具有决定精度差距特征的公司的比例随时间的演变。

具体来说，我们在同一图表中展示了样本中高负债公司的比例随时间的变化、表2-1中定义的主导度量（图2-4第一个图中的曲线3）测量的精度差距的演变（虚线）、样本中具有大量负值SPI+NOPI的公司的比例（点划线），以及低负债子样本中这些公司的比例（虚线）。图表记录了债务水平和精度差距模式之间的显著相似性。自20世纪90年代至今所观察到的估值精度差距减少与公司的债务水平降低是一致的。

尽管比20世纪70年代和80年代的差距要小，但两种比率之间的精度差距仍然显著。解释似乎是，尽管具有低负债和大量负值SPI+NOPI的公司比例逐渐增加，即那些通过企业价值比率估值更准确的公司（从样本开始时接近0到最后的18%），但具有中高负债的公司，即那些通过P/E市盈率估值更精确的公司，在最近几十年中其比例大约是前者的三倍。

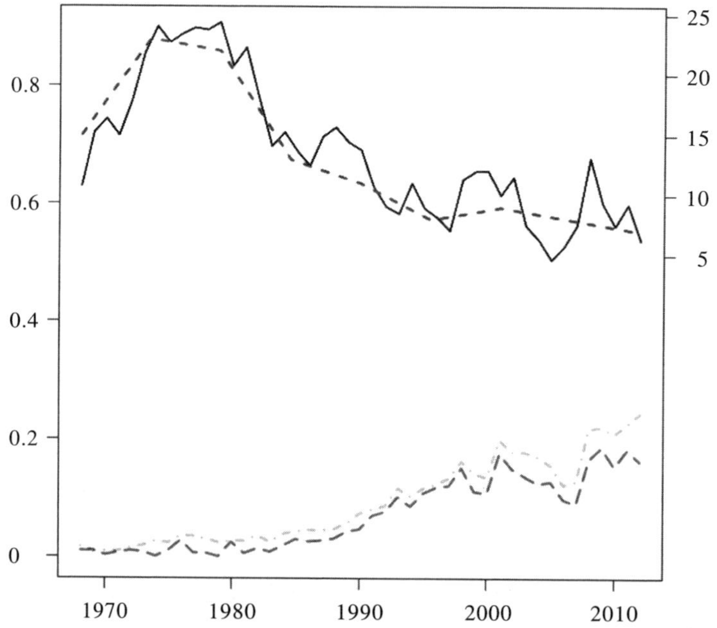

图2-5　具两种财务比率之间估值精度差距特征的公司的比例随时间的变化

注：位于本图上方的两条线展示了样本中高负债公司的年度百分比（实线）。叠加在图上的是由表2-1中定义的主导度量（图2-4第一个图中的曲线3）测量的精度差距的演变（虚线）。精度差距的刻度在右侧垂直轴上。位于本土下方的两条线则展示了样本中具有大量负值SPI或SPI+NOPI的公司的年度百分比（点划线），以及低负债子样本中这些公司的年度百分比（虚线）。我们可以看到精度差距的演变与债务水平之间的高度吻合。

图2-5详细展示了随着时间推移，不同负债水平和特殊项目对两种估值比率之间精度差距的影响。尽管总体趋势显示精度差距在缩小，但由于低负债且特殊项目负值大的公司逐渐增加，两种比率之间的精度差距仍然存在且显著。通过该图可以清晰地看到，具有中高负债的公司对EV/EBITDA估值的负面影响，导致其精度不如P/E市盈率估值。而具有低负债和大量负值SPI+NOPI的公司则表现出EV/EBITDA估值的相对优势。这样的细分分析帮助我们更好地理解不同公司特征对估值精度的具体影响。

五、结论

在本书中，我们详细比较了EV/EBITDA（企业价值比率）与传统的P/E（市盈率）这两种比率估值方法的准确性。进入21世纪以来，EV/EBITDA比率在实践中逐渐流行起来，越来越多的实践者开始采用这一方法。然而，传统的P/E市盈率依然是最常用的估值比率之一。我们系统地考虑了多种影响估值准确性的实施问题，特别是可比公司选择标准、用于构建比率的同行公司数量以及目标公司比率的聚合方法。通过引入随机占优的概念，我们对这两种比率的整体准确性进行了全面的比较。

我们的分析结果表明，当汇总样本中的所有公司时，无论采用何种估值方法（例如选择同行公司的标准、使用的同行公司数量），基于企业价值比率（EV/EBITDA）的估值方法都不如基于市盈率（P/E）的估值方法准确。无论是选择可比公司的标准，还是同行公司数量的确定，或者是比率聚合方法，EV/EBITDA的表现都不如P/E。此外，我们的结果在多个方面具有稳健性，包括使用前瞻性比率、时间跨度

（覆盖45年）以及不同的行业。这些结果表明，无论在何种条件下，P/E市盈率都比EV/EBITDA更为精确。

我们还进一步分析了导致这两种比率定义差异的两个关键因素（EV-P和EBITDA-E）对估值准确性的影响。通过这一分析，我们获得了两个新的发现。首先，我们发现随着公司债务水平的增加，P/E市盈率的占优地位减弱。具体来说，债务水平较高的公司，其基于EV/EBITDA的估值准确性显著降低，而市盈率（P/E）则表现更为优越。其次，我们发现在对低债务水平且报告大量负值特殊项目和经营外项目的公司进行估值时，企业价值比率（EV/EBITDA）的准确性优于市盈率（P/E）。这一发现与市场参与者在对公司进行估值时，更关注经常性项目而不是非经常性和经营外项目的观点一致。换句话说，当公司的特殊项目和经营外项目报告负值时，这些项目并未向市场传递有效信息，而EV/EBITDA由于不受这些项目影响，能够提供更准确的估值。

这些新的发现对投资者和会计准则制定者显然具有重要意义。对于投资者而言，理解不同估值方法在不同条件下的表现可以帮助他们在投资决策中选择最为合适的估值方法，进而提高投资回报。对于会计准则制定者而言，了解市场参与者对不同财务指标的关注点，可以指导他们在制定准则时更好地反映市场需求，提高会计信息的透明度和实用性。

具体来说，本书的研究内容和结论包括以下几个方面：

1.可比公司选择标准：通过比较6种不同的可比公司选择标准（行业、总资产、股本回报率/投资回报率、行业+总资产、股本回报率/投资回报率+行业、股本回报率/投资回报率+总资产），我们发现P/E市盈率在这些标准下的估值精度均优于EV/EBITDA企业价值比率。

2.同行公司数量的影响：我们确定了每种可比公司选择标准下的最佳同行公司数量，并在这些最佳数量下进行了估值精度分析。结果显示，无论同行公司数量如何变化，P/E 市盈率的估值方法始终比 EV/EBITDA 企业价值比率更为精确。

3.比率的聚合方法：在比较了使用中位数和调和平均数作为比率聚合方法时，我们发现调和平均数的方法在精度上略优于中位数方法，但总体上两者差异不大。

4.前瞻性比率：通过分析基于未来第一年末和第二年末净收益的前瞻性财务比率（P/FE1 和 P/FE2）以及基于未来第一年末 EBITDA 的前瞻性企业价值比率（EV/FEBITDA），我们发现前瞻性比率的估值精度显著高于历史财务比率，特别是 P/FE2 比率的估值表现是所有财务比率估值中最精确的。

5.时间跨度和行业差异：在 45 年的时间跨度和不同的行业（例如制造业、交通通信和公用事业）中，我们的分析结果一致表明 P/E 市盈率的估值精度优于 EV/EBITDA，尽管在某些时间段和特定行业中，差距有所缩小。

6.非经常性项目和经营外项目的影响：我们发现，对于债务水平较低的公司，当特殊项目和经营外项目的数值较大时，EV/EBITDA 企业价值比率的估值精度优于 P/E 市盈率。这表明市场参与者在估值时更重视经常性项目，忽略了非经常性和经营外项目。

综上所述，本书的研究结果对投资者选择估值方法和会计准则的制定具有重要参考价值。通过详细分析两种估值比率在不同条件下的表现，我们提供了更加全面和深入的理解，有助于市场参与者在不同情境下做出更为准确的估值决策。

附录

A.统计细节与性质

对于给定的误差样本$\left(e_1, e_2, \cdots, e_{n_X}\right)$，方法$X$的绝对相对误差$\left|E_X\right|$的累积分布函数（CDF）$F_X$的估计量是经验累积分布函数：

$$\hat{F}_X(x)=\frac{1}{n_X}\sum I_{(-\infty, X]}\left(\left|e_i\right|\right)=\frac{\#of\left|errors\right| \leqslant x}{n_X} \tag{2.7}$$

其中，$I_A(x)$是指示函数：

$$I_A(x)=\begin{cases}1, & ifx \in A \\ 0, & ifx \notin A\end{cases}$$

统计估计误差由两个样本Kolmogorov-Smirnov统计量的渐近分布描述：

$$D_{n_X, n_Y}=\sup_x\left|\hat{F}_{X, n_X}(x)-\hat{F}_{Y, n_Y}(x)\right| \tag{2.8}$$

在原假设$F_X=F_Y$下，

$$D_{n_X, n_Y} \leqslant c(\alpha) \sqrt{\frac{1}{n_X}+\frac{1}{n_Y}}$$

概率为$1-\alpha$。

总结，如果F_X和F_Y表示绝对误差$\left|E_X\right|$和$\left|E_Y\right|$的两个估计出的累积概率分布函数，分别对应估值方法X和Y，我们定义以下支配度量：

$$dm\left(\hat{F}_X,\ \hat{F}_Y\right) \equiv \begin{cases} \max\limits_e\left(\hat{F}_X(e)-\hat{F}_Y(e)\right),\ if \max\limits_e\left(\hat{F}_X(e)-\hat{F}_Y(e)\right) > c_{KS} and \\ \min\limits_e\left(\hat{F}_X(e)-\hat{F}_Y(e)\right) \geqslant -c_{KS} \\ \min\limits_e\left(\hat{F}_X(e)-\hat{F}_Y(e)\right),\ if \min\limits_e\left(\hat{F}_X(e)-\hat{F}_Y(e)\right) < -c_{KS} and \\ \max\limits_e\left(\hat{F}_X(e)-\hat{F}_Y(e)\right) \leqslant c_{KS} \\ 0,\ if \min\limits_e\left(\hat{F}_X(e)-\hat{F}_Y(e)\right) \geqslant -c_{KS} and \\ \max\limits_e\left(\hat{F}_X(e)-\hat{F}_Y(e)\right) \leqslant c_{KS} \\ ?\ ,\ if \max\limits_e\left(\hat{F}_X(e)-\hat{F}_Y(e)\right) > c_{KS} and \\ \min\limits_e\left(\hat{F}_X(e)-\hat{F}_Y(e)\right) < -c_{KS} \end{cases} \quad (2.9)$$

其中，$c(\alpha)$取决于α的大小，n_X和n_Y分别是用于估计两个累计概率分布函数，$\hat{F}_X$和$\hat{F}_Y$的样本量。

B.最优同行数量

B.1 理论考量

为了使选择最佳可比公司数量这一操作具有实际意义，我们用$F^k_{m,\ c}$表示当正好使用由标准c选择的k个可比公司来构建比率m时，绝对误差$\left|E(m,\ C)\right|$的累积分布函数（CDF）。换句话说，可比公司集C是根据可比公司选择标准c选择的最接近的k个公司。形式上，估算比率m时使用的最佳可比公司数量k_{opt}定义如下：

$F_{k_{opt}} \geqslant F_k$对于所有$k \neq k_{opt}$。

其中，这里的不等式表示按照表1中的定义，即使用k_{opt}个可比公司进行估值时的误差分布在统计上至少与使用任何其他数量的可比公司进行估值时的误差分布一样好，甚至更好。这意味着，选择最佳数量的可比公司时，我们希望通过最大化估值精度来确定k_{opt}。

具体来说，对于给定的比率m和可比公司选择标准c的组合，

记 F_k 为使用正好 k 个可比公司进行比率预测时的绝对误差 $|E|$ 的累积分布函数（CDF）。在这种情况下，最佳可比公司数量 k_{opt} 是通过以下条件定义的：

$F_{k_{opt}} \geqslant F_k$对于所有$k \neq k_{opt}$。

这个条件的意思是，使用 k_{opt} 个可比公司进行估值，其精度在总体上比使用任何其他数量的可比公司进行估值的精度要高。

为了使这个定义更具有实际操作性，可以参考附录B中的详细解释。附录中提供了如何根据随机占优（Stochastic Dominance）的概念具体确定最佳可比公司数量的方法。通过这种方式，我们确保选择的可比公司数量在估值准确性方面达到最佳效果。支配测度 $dm\left(F_X,\ F_Y\right)$见附表2-1。

附表2-1 **支配测度 $dm\left(F_X,\ F_Y\right)$**

dm（$\hat{F}_X$，$\hat{F}_Y$）	条件	含义
>0	$\max_e\left(\hat{F}_X(e)-\hat{F}_Y(e)\right)>0$ and $\min_e\left(\hat{F}_X(e)-\hat{F}_Y(e)\right)\asymp 0$ $\max_e\left(\hat{F}_X(e)-\hat{F}_Y(e)\right)>c_{KS}$and $\min_e\left(\hat{F}_X(e)-\hat{F}_Y(e)\right)\geqslant -c_{KS}$	$F_X > F_Y$ 或 方法X比方法Y更精确
<0	$\max_e\left(\hat{F}_X(e)-\hat{F}_Y(e)\right)\asymp 0$ and $\min_e\left(\hat{F}_X(e)-\hat{F}_Y(e)\right)<0$ $\max_e\left(\hat{F}_X(e)-\hat{F}_Y(e)\right)\leqslant c_{KS}$and $\min_e\left(\hat{F}_X(e)-\hat{F}_Y(e)\right)<-c_{KS}$	$F_Y > F_X$ 或 方法Y比方法X更精确

续表

dm（$\hat{F}_X$，$\hat{F}_Y$）	条件	含义
=0	$\max_e\left(\hat{F}_X(e)-\hat{F}_Y(e)\right)\asymp 0$ and $\min_e\left(\hat{F}_X(e)-\hat{F}_Y(e)\right)\asymp 0$ $\max_e\left(\hat{F}_X(e)-\hat{F}_Y(e)\right)\leqslant c_{KS}$ and $\min_e\left(\hat{F}_X(e)-\hat{F}_Y(e)\right)\geqslant -c_{KS}$	$F_X=F_Y$ 或 两种方法同样精确
?	$\max_e\left(\hat{F}_X(e)-\hat{F}_Y(e)\right)>0$ and $\min_e\left(\hat{F}_X(e)-\hat{F}_Y(e)\right)<0$ $\max_e\left(\hat{F}_X(e)-\hat{F}_Y(e)\right)>c_{KS}$ and $\min_e\left(\hat{F}_X(e)-\hat{F}_Y(e)\right)<-c_{KS}$	任一累积分布函数均不占优 或 两种方法无法进行比较

注：对支配测度 $dm\left(F_X, F_Y\right)$ 的解释以及必要和充分条件。符号 ，和 对应于统计上真实的（不）等式，即通过相应的 Kolmogorov-Smirnov 假设检验不被拒绝。F_X 和 F_Y 分别表示方法 X 和方法 Y 的绝对相对估值误差 $|E|$ 的估计累积分布函数（见定义（2.7））。

这一理论框架不仅为实际操作提供了明确的指导，还能够在不同的可比公司选择标准和估值比率之间进行有效的比较和选择，从而提升估值方法的总体准确性和可靠性。

通过这种系统化的分析和比较，我们可以在复杂的市场环境中找到最优的估值策略，从而为投资者和市场参与者提供更准确、更可靠的估值工具。这对于实现科学的投资决策和合理的市场评估具有重要意义。不仅能够帮助投资者在市场波动中做出更明智的决策，而且能够提高市场整体的透明度和效率，促进资本市场的健康发展。

因此，选择最佳可比公司数量这一操作，不仅仅是一个技术问题，更是一个涉及投资策略优化和市场行为分析的重要研究课题。在实际应用中，通过合理选择和优化可比公司数量，可以显著提高估值的准确性，从而为投资者和决策者提供更为可靠的依据。

当从数据中估计误差的累积分布函数（CDFs）时，公式（2.7）中最佳同行数量的定义可以重写为（见表2-5）：

$$\max_e \left(\hat{F}^{m,c}_{k_{opt}}(e) - \hat{F}^{m,c}_{k}(e) \right) \geqslant 0$$

$$and$$

$$\min_e \left(\hat{F}^{m,c}_{k_{opt}}(e) - \hat{F}^{m,c}_{k}(e) \right) \asymp 0$$

$$forallk \neq k_{opt},$$

其中符号 $\geqslant$ 和 $\asymp$ 对应于统计上为真的（不等）式，即不被相应的 Kolmogorov-Smirnov 假设检验所拒绝。具体来说，

$$\max_e \left(\hat{F}^{m,c}_{k_{opt}}(e) - \hat{F}^{m,c}_{k}(e) \right) \geqslant 0and \min_e \left(\hat{F}^{m,c}_{k_{opt}}(e) - \hat{F}^{m,c}_{k}(e) \right) \asymp 0 \quad (2.10)$$

对于所有估值精度严格低于 k_{opt} 的 k，

$$\max_e \left(\hat{F}^{m,c}_{k_{opt}}(e) - \hat{F}^{m,c}_{k}(e) \right) \asymp 0and \min_e \left(\hat{F}^{m,c}_{k_{opt}}(e) - \hat{F}^{m,c}_{k}(e) \right) \asymp 0 \quad (2.11)$$

对于所有估值精度与 k_{opt} 相等的 k。

由于 k_{opt} 不依赖于财务比率（如图2-1中的图表所示），需要用来将 k 分类为严格次优或最佳的统计量定义为：

$$\begin{cases} M^c_k := \max_m \left(\max_e \left(\hat{F}^{m,c}_{k_{opt}}(e) - \hat{F}^{m,c}_{k}(e) \right) \right) \\ N^c_k := \min_m \left(\max_e \left(\hat{F}^{m,c}_{k_{opt}}(e) - \hat{F}^{m,c}_{k}(e) \right) \right) \\ O^c_k := \min_m \left(\min_e \left(\hat{F}^{m,c}_{k_{opt}}(e) - \hat{F}^{m,c}_{k}(e) \right) \right) \end{cases} \quad (2.12)$$

对于 $N^c_k \geqslant 0$ 且 $O^c_k \asymp 0$ 的 k，将在所有财务比率中都是次优的，即，对于研究中的任何财务比率，使用 k 个可比公司构建的财务比率 c 的估值精度严格低于基于 k_{opt} 的可比公司。对于 $M^c_k \asymp 0$ 且 $O^c_k \asymp 0$

的 k，在所有财务比率中，估值精度在统计上与最佳精度无显著差异。

注意，对于所有 k 和所有 c，$O_k^c \asymp 0$，因此统计量 M_k^c 和 N_k^c 的值将决定给定 k 相对于 k_{opt} 的最优关系。对于给定的同行选择方法 c，如果较高的（M_k^c）曲线（中间的（N_k^c））在位置 k 上超出（低于）置信区间的上限，这表明使用同行选择方法 c 和 k 个可比公司集进行的估值比使用 k_{opt} 的估值严格不精确（同样精确）。值得注意的是，我们能够为讨论范围内的所有 k 建立最优关系。

对于同行选择的行业标准，函数的形状是凸的。尽管所有曲线的最小值都在 $k = 6$ 处达到，但函数的值随着同行数量变化不大。所有在 3 到 9 之间的 k 都能产生同样好的精度，而大于 10 的 k 是次优的。

B.2 样本

附表2-2显示了样本在各个步骤中的规模缩减情况。排除规则 1、2、3 和 5 容易理解，而其余两条规则需要解释。简而言之，规则 4 产生了最多的公司/年份实例，这些实例中两种估值方法都提供了市场价值，并允许公平比较基于财务比率的不同估值方法所产生的误差分布。更详细地说，负财务比率由负分母生成。请记住，公司的基于财务比率预测的市场价值是通过将同行基于预测的财务比率乘以该公司在给定年份内财务比率分母变量的值得到的。由于在我们的分析中，同行基于预测的财务比率始终为正，因此负分母意味着公司的负市场价值。因此，第4条排除规则将样本中至少有一种估值方法无法通过产生负市场价值来给公司赋值的公司/年份实例排除在外。第6条排除规则旨在确保在选择标准为行业时有足够的可比公司。

附表2-2　**样本的构建**

样本构建	样本规模
CRSP/Compustat的所有公司-年份观测（1968—2012）	372 647
剔除SIC代码介于6 000—6 799之间的观测	-76 270
	296 377
剔除存在缺失值的观测	-139 053
	157 324
剔除财务比率取值为负值或无穷大的观测	-46 872
	110 452
剔除至少一个财务比率处于极端上下1%范围内的观测	-5 608
	104 844
剔除某一年份同属一级SIC行业的同行数量少于50的行业	-6 088
最终样本规模	98 756

B.3　经验结果-初始样本

附图2-1展示了定义（10）中三个统计量与k（用于构建比率的可比公司数量）之间的依赖关系。每个图中的三条曲线分别对应于M^c、N^c和P^c，按递减顺序排列。构建曲线的数字标识了在定义的三个统计量中达到最大值或最小值的比率。比率的编码如下：（1）P/E市盈率；（2）P/B市净率；（3）EV/EBITDA企业价值比率。虚线对应于Kolmogorov-Smirnov统计量的1%置信区间。请注意，对于所有k和所有c，$O_k^p = 0$，因此统计量M和N的值将仅决定给定k与k_{opt}之间的最优关系。对于给定的可比公司选择方法c，如果位置k处的高值（M）曲线（中间值（N）曲线）高于（低于）置信区间上限，则表示使用c方法和k个可比公司集的估值精度严格低于（等同于）使用k_{opt}同类公司的估值精度。

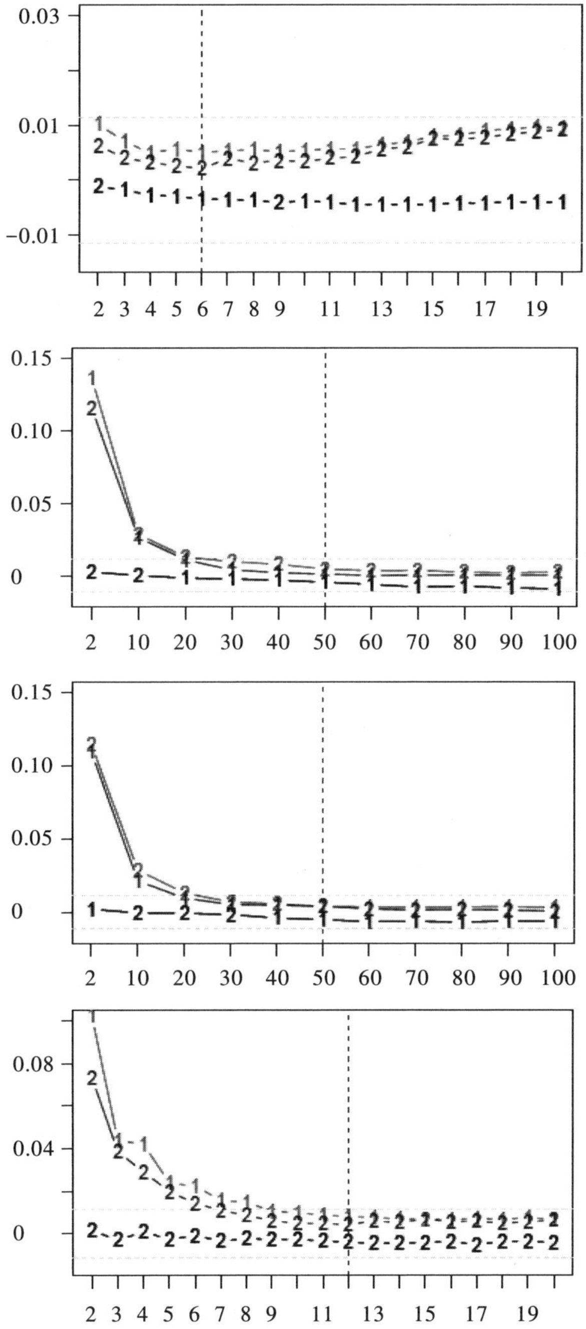
0.03
0.01
−0.01
2 3 4 5 6 7 8 9 11 13 15 17 19
0.15
0.10
0.05
0
2 10 20 30 40 50 60 70 80 90 100
0.15
0.10
0.05
0
2 10 20 30 40 50 60 70 80 90 100
0.08
0.04
0
2 3 4 5 6 7 8 9 11 13 15 17 19

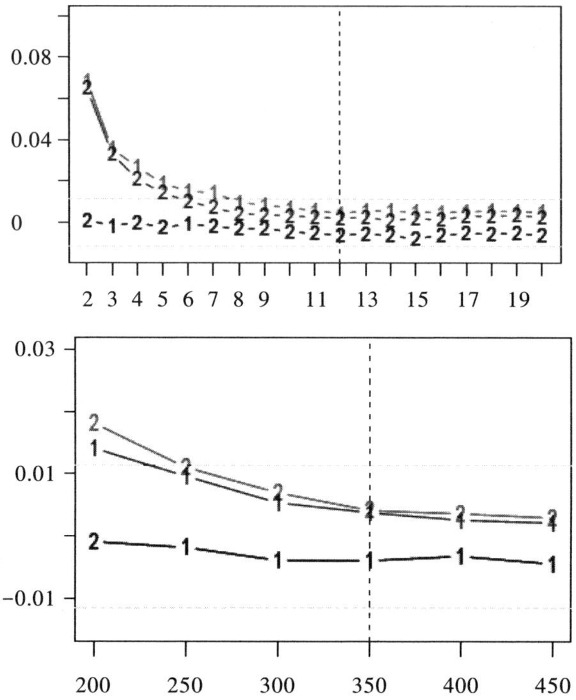

附图2-1 *M*、*N*和 *O*统计量

注：该图显示了在图2-1中选择的 k_{opt} 情况下，三个统计量（见定义（2.10））与*k*（用于构建比率的可比公司数量）之间的关系。每个图报告了三条曲线，分别对应于 M^c、N^c 和 O^c，按递减顺序排列。*c* 表示图标题中所列的可比公司选择方法。曲线是 *k*（可比公司集的大小）的函数。构建曲线的数字指示在定义的三个统计量中达到最大值或最小值的比率。比率的编码如下：（1）P/E市盈率；（2）P/B市净率；（3）EV/EBITDA企业价值比率。虚线对应于Kolmogorov-Smirnov统计量的1%置信区间。对于给定的可比公司选择方法c，如果位置k处的高值（M）曲线（中间值（N）曲线）高于（低于）置信区间上限，则表示使用 *c* 方法和 *k* 个可比公司集的估值精度严格低于（等同于）使用 k_{opt} 同类公司的估值精度。

附图2-1表明，选择适当数量的可比公司对于公平比较不同方法的估值精度至关重要。特别是，使用少量可比公司（例如I+TA和I+

ROE/ROIC标准下最多5个，ROE/ROIC和TA标准下最多15个）进行估值时，其精度往往不如使用最佳数量的可比公司集。

总体而言，图2-1和附图2-1表明，适当选择可比公司集的规模对于公平比较不同方法的性能至关重要。在这些图中，每条曲线分别展示了选择不同数量的可比公司时估值精度的变化情况，从而为确定最优可比公司数量提供了初步动机。在随后的分析中，我们使用随机占优的概念来进一步细化这一分析，从而更准确地确定最优可比公司数量。

我们发现，最优可比公司数量仅取决于可比公司选择方法，而不取决于所使用的比率。例如，对于行业标准（I），使用3到15个可比公司进行估值的精度相同，而超过16个则次优。Alford（1992）使用了6个可比公司，而Cheng和McNamara（2000）发现最低中位数绝对误差出现在使用7个可比公司时。我们的分析采用6个可比公司作为最优选择：$k^{I} = 6$。

对于总资产（TA）和权益回报率（ROE/ROIC）标准，我们的最优选择是50个可比公司。小于30的值表现较差，而高于40的值与使用50个可比公司的估值精度相同。值得注意的是，Cheng和McNamara（2000）选择了6个可比公司，这一选择远非最佳（如图2-1中的第二行第一列的图所示）。这一选择可能影响了基于ROE和TA标准选择的可比公司估值的准确性。特别是对于P/E比率，他们发现基于ROE的估值表现较差，仅次于TA标准。与他们的发现相反，我们记录了（P/E，ROE）组合的卓越表现，该组合在研究的估值方法中精度第二高。

对于I+TA和I+ROE/ROIC标准的最优选择是$k^{I+TA,\ I+ROE/ROIC} = 12$，而对于TA+ROE/ROIC选择方法，最优选择是

$k^{TA+ROE/ROIC}=350$。小于 10（对于 I+TA 和 I+ROE/ROIC）或 250（对于 TA+ROE/ROIC）的值表现较差，而大于 10（对于 I+TA 和 I+ROE/ROIC）和 300（对于 TA+ROE/ROIC）的值产生的估值精度与我们的选择相同。

总而言之，除行业标准外，使用的可比公司数量实际上是一个阈值。使用任何高于该阈值的可比公司数量进行估值都会产生统计上同样精确的结果。最优阈值是特定于可比公司选择标准的。当可比公司从一个特别大的候选池中选择时，使用较少数量的可比公司进行估值会产生比预期更大的误差。

B.4　经验结果-最新样本

例如在B.4节中讨论的那样，附图2-2和附图2-3展示了对比率构建中估值精度的分析结果，重点在于可比公司数量的影响。附图2-2展示了每个比率和每个可比公司选择方法的中位数绝对误差与用于估值的可比公司集大小的关系。这为确定最优可比公司集规模提供了整体概念。附图2-3则为最优选择提供了统计动机，展示了使用最优可比公司集规模的方法相对于其他规模选择的优势度量。这些图表表明，适当选择可比公司集的规模对于公平比较不同估值方法的性能至关重要。

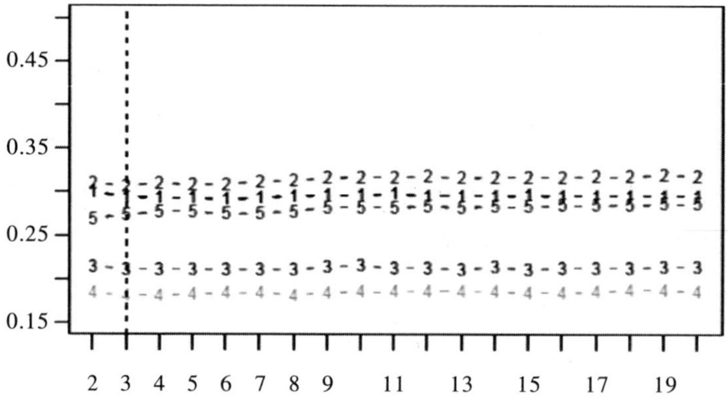

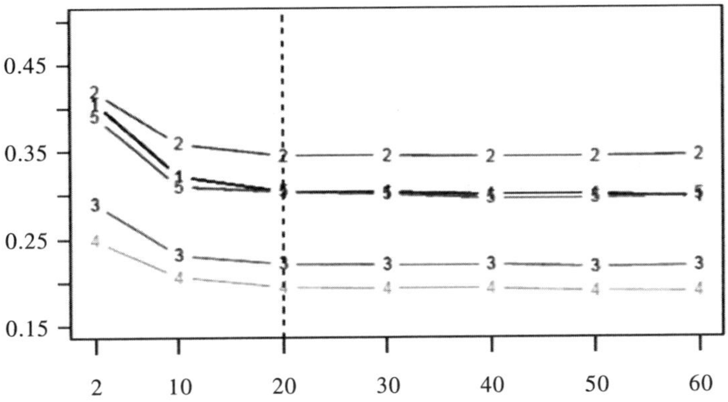
0.45
0.35
0.25
0.15
2
10
20
30
40
50
60

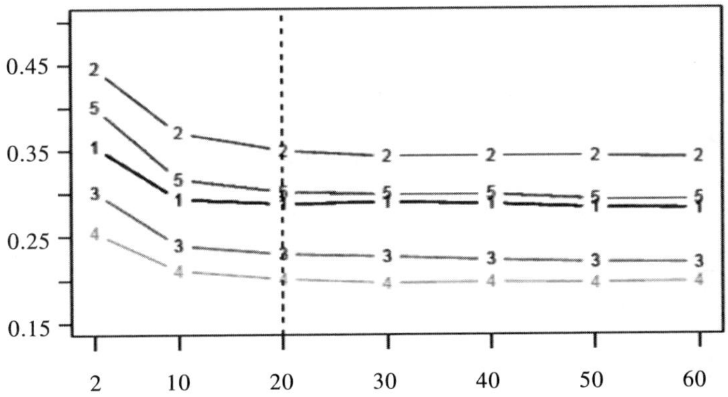
0.45
0.35
0.25
0.15
2
10
20
30
40
50
60

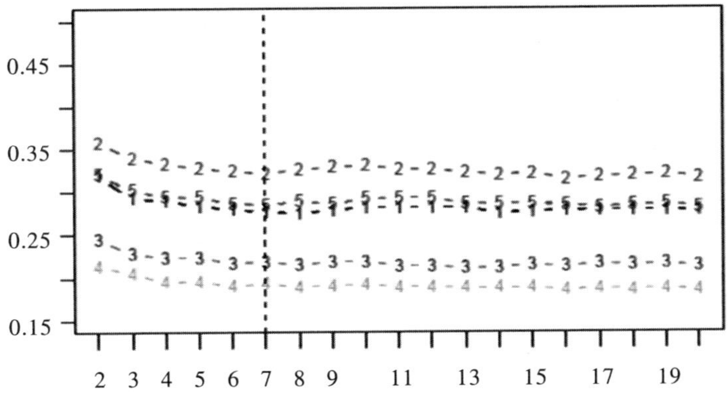
0.45
0.35
0.25
0.15
2 3 4 5 6 7 8 9 11 13 15 17 19

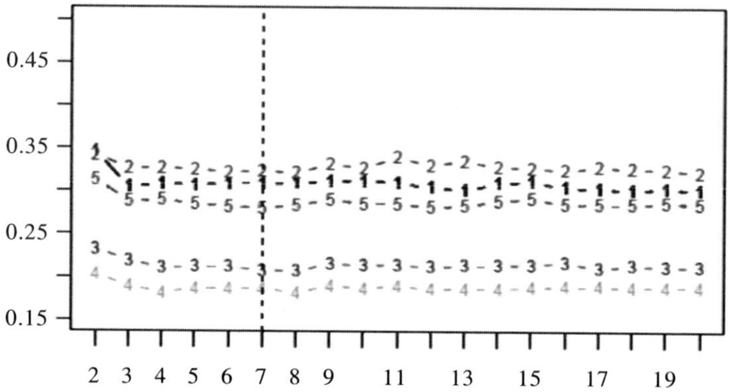

附图2-2　中位绝对误差E作为用于构建比率的可比公司数量的函数

注：该图展示了用于构建比率的可比公司数量对中位绝对误差E的影响。这些图对应于6种可比公司选择方法：行业分类（I）和总资产（TA）（第一行），股本回报率/投资回报率（ROE/ROIC）（第二行），行业分类加总资产（I+TA）和行业分类加股本回报率/投资回报率（I+ROE/ROIC）（第三行）。每个图中的曲线显示了不同比率估值对应的中位绝对误差，具体如下：（1）-P/E市盈率；（2）-EV/EBITDA企业价值比率；（3）-P/FE1；（4）-P/FE2；（5）-EV/FEBITDA。图表显示，对于所有比率（以及给定的可比公司选择方法），中位绝对误差的模式一致，并且比率的排序（根据估值的中位绝对误差）保持一致，其中企业价值比率显示出持续较高的中位绝对误差。垂直线表示定义中的最优可比公司数量 k_{opt}。

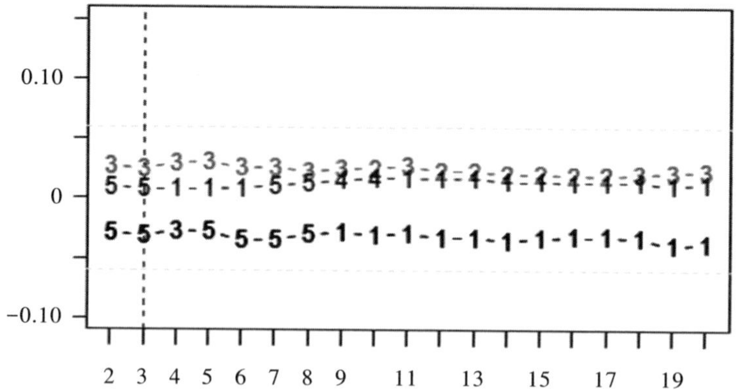

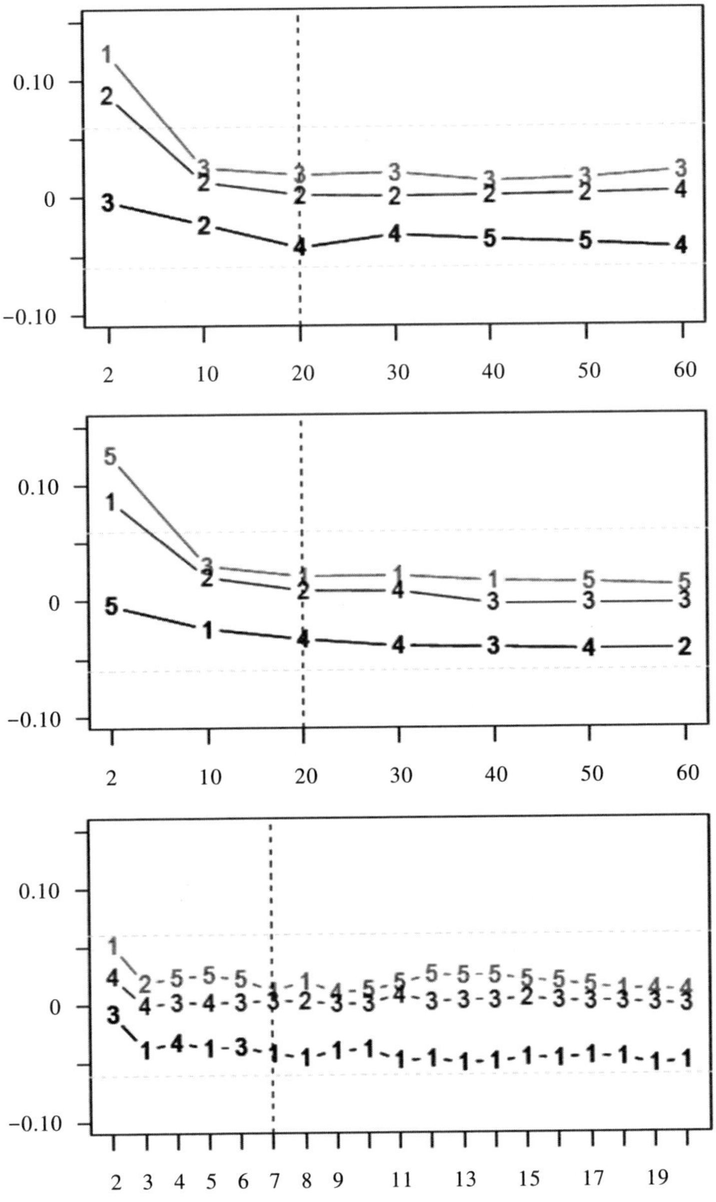
0.10
0
−0.10
2 10 20 30 40 50 60
0.10
0
−0.10
2 10 20 30 40 50 60
0.10
0
−0.10
2 3 4 5 6 7 8 9 11 13 15 17 19

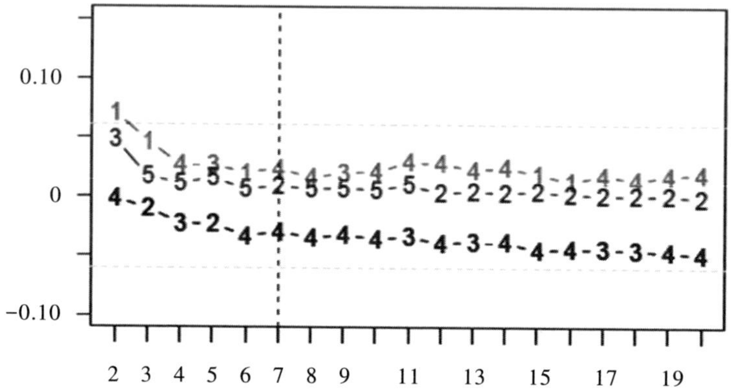

附图2-3　*M*、*N*和 *P*统计量作为用于构建比率的可比公司数量*k*的函数

注：该图展示了在图2-1中选择的最优可比公司数量 k_{opt} 的基础上，定义（10）中3个统计量与*k*（用于构建比率的可比公司数量）之间的依赖关系。每个图中的3条曲线分别对应于 M^c、N^c 和 P^c，按递减顺序排列。构建曲线的数字标识了在定义的三个统计量中达到最大值或最小值的比率。比率的编码如下：（1）-P/E市盈率；（2）-EV/EBITDA企业价值比率；（3）-P/FE1；（4）-P/FE2；（5）-EV/FEBITDA。虚线对应于Kolmogorov-Smirnov统计量的1%置信区间。对于给定的可比公司选择方法c，如果位置*k*处的高值（*M*）曲线（中间值（*N*）曲线）高于（低于）置信区间上限，则表示使用*c*方法和*k*个可比公司集的估值精度严格低于（等同于）使用 k_{opt} 同类公司的估值精度。

附图2-2中的每个图表展示了与图表标题中的可比公司选择方法对应的6条中位数绝对误差曲线以及各种比率。需要注意的是，函数的形状不依赖于具体的比率。因此，可比公司数量的最优选择仅取决于可比公司选择方法，而不取决于所使用的比率。每个图中的垂直线指示了每种可比公司选择方法的最优可比公司数量，如下文所述。

当在附图2-2中选择最优可比公司数量时，附图2-3展示了定义（2.10）中3个统计量与*k*（用于构建比率的可比公司数量）之间的依赖关系。每个图中的3条曲线分别对应于 M^c、N^c 和 P^c，按递减顺序排列。构建曲线的数字标识了在定义的3个统计量中达到最大值或最小值的比率。比率的编码如下：（1）P/E市盈率；（2）P/B市净率；（3）EV/EBITDA企业价值比率；（4）P/FE1；（5）P/FE2；（6）P/FB；（7）EV/FEBITDA。虚线对应于Kolmogorov-Smirnov统计量的1%置信区间。请注意，对于所有 k 和所有 c，$O_k^p = 0$，因此统计量 M 和 N 的值将仅决定给定 k 与 k_{opt} 之间的最优关系。对于给定的可比公司选择方法 c，如果位置 k 处的高值（M）曲线（中间值（N）曲线）高于（低于）置信区间上限，则表示使用 c 方法和 k 个可比公司集的估值精度严格低于（等同于）使用 k_{opt} 同类公司的估值精度。

这些图表进一步强调了选择适当的可比公司集规模对于公平比较不同估值方法的性能的重要性。特别是，附图2-2显示了在不同可比公司选择方法下中位数绝对误差随可比公司数量的变化趋势，而附图2-3则为确定最优可比公司数量提供了统计支持。这些分析结果有助于我们理解在估值过程中，选择适当规模的可比公司集对提高估值精度的关键作用。

附图2-1展示了定义（10）中3个统计量与 k（用于构建比率的可比公司数量）之间的依赖关系。每个图中的三条曲线分别对应于 M^c、N^c 和 P^c，按递减顺序排列。构建曲线的数字标识了在定义的3个统计量中达到最大值或最小值的比率。比率的编码如下：（1）P/E市盈率；（2）P/B市净率；（3）EV/EBITDA企业价值比率。虚线对应于Kolmogorov-Smirnov统计量的1%置信区间。请注意，对于所有 k 和所有 c，$O_k^p = 0$，因此统计量 M 和 N 的值将仅决定给定 k 与 k_{opt} 之间的最优关系。对于给定的可比公司选择方法 c，如果位置 k 处的高值（M）曲线（中间值（N）曲线）高于（低于）置信区间上限，则表示使用c方法和 k 个可比公司集的估值精度严格低于（等同于）使用 k_{opt} 同类公司的估值精度。

通过这些图表，我们可以更好地理解选择适当规模的可比公司集对于提高估值精度的重要性。这对于研究和实践中的比率估值方法选择具有重要的指导意义。

C.变量和财务比率

用于构建常见财务比率的变量包括普通股流通股（CSHO）、不含特殊项目的每股收益（EPSPX）、销售额（S）、息税折旧摊销前利润（EBITDA）、普通股股东权益（CEQ）、净收入（NI）、长期债务（DLTT）、流动负债（LCT）、优先股（UPSTK）和拖欠优先股股利（DVPA）。用于定义可比公司的变量包括标准工业分类代码（SIC）、总资产（TA）和股本回报率（ROE）。

股票收盘价（P）来源于 CRSP 数据库，我们将 DLTT（按 CSHO 平减）、LCT（按 CSHO 平减）、UPSTK（按 CSHO 平减）和 DVPA（按 CSHO 平减）以及股票收盘价（P）的总和定义为每股企业价值（EV）。由于财务报表在会计报告期结束后的几个月内公开，因此用于 P 和计算 EV 的股票收盘价对应于报告期结束后的第三个月。

参考文献

[1] AGLIARDI E, AGLIARDI R, PINAR M, et al. A new country risk index for emerging markets: A stochastic dominance approach [J]. Journal of Empirical Finance, 2012, 19 (5): 741-761.

[2] ALFORD A W. The effect of the set of comparable firms on the accuracy of the price-earnings valuation method [J]. Journal of Accounting Research, 1992, 30 (1): 94-108.

[3] ASQUITH P, MIKHAIL M, AU A. Information content of equity analyst reports [J]. Journal of Financial Economics, 2005, 75 (2): 245-282.

[4] BAKER M, RUBACK R. Estimating industry multiples [R]. Harvard University, 1999.

[5] BANCEL F, MITTOO U R. The gap between theory and practice of firm valuation: Survey of European valuation experts [EB/OL]. Available at SSRN 2420380, 2014.

[6] BELGHITAR Y, CLARK E, DESHMUKH N. Does it pay to be ethical? Evidence from the FTSE4Good [J]. Journal of Banking and Finance, 2014, 47: 54-62.

[7] BHOJRAJ S, LEE C. Who is my peer? A valuation-based approach to the selection of comparable firms [J]. Journal of Accounting Research, 2002, 40 (2): 407-439.

[8] BLOCK S. Methods of valuation: Myths vs. reality [J]. The Journal of Investing, 2010, 19 (4): 7-14.

[9] BRADSHAW M T, SLOAN R G. GAAP versus the street: An empirical assessment of two alternative definitions of earnings [J]. Journal of Accounting Research, 2002, 40 (1): 41-66.

[10] BURGSTAHLER D, JIAMBALVO J, SHEVLIN T. Do stock prices fully reflect the implications of special items for future earnings? [J]. Journal of Accounting Research, 2002, 40 (3): 585-612.

[11] CHENG C, MCNAMARA R. The valuation accuracy of the price-earnings and price-book benchmark valuation methods [J]. Review of Quantitative Finance and Accounting, 2000, 15 (4):

349–370.

[12] CREADY W M, LOPEZ T J, SISNEROS C A. Negative special items and future earnings: Expense transfer or real improvements? [J]. The Accounting Review, 2012, 87 (4): 1165–1195.

[13] DAMODARAN A. Damodaran on valuation: Security analysis for investment and corporate finance [M]. 2nd ed. John Wiley, Inc, 2006.

[14] DECHOW P, GE W. The persistence of earnings and cash flows and the role of special items: Implications for the accrual anomaly [J]. Review of Accounting Studies, 2006, 11 (2–3): 253–296.

[15] DE FRANCO G, HOPE O–K, LAROCQUE S. Analysts choice of peer companies [J]. Review of Accounting Studies, 2015, 20 (1): 82–109.

[16] DELOOF M, DE MAESENEIRE W, INGHELBRECHT K. How do investment banks value initial public offerings (IPOs)? [J]. Journal of Business Finance and Accounting, 2009, 36 (1–2): 130–160.

[17] DEMIRAKOS E G, STRONG N C, WALKER M. What valuation models do analysts use? [J]. Accounting Horizons, 2004, 18 (4): 221–240.

[18] FREEMAN R N, OHLSON J A, PENMAN S H. Book rate-of-return and prediction of earnings changes: An empirical investigation [J]. Journal of Accounting Research, 1982, 20 (2): 639–653.

[19] GILSON S C, HOTCHKISS E S, RUBACK R S. Valuation of bankrupt firms [J]. The Review of Financial Studies, 2000, 13

(1): 43-74.

[20] JOHNSON P M, LOPEZ T J, SANCHEZ J M. Special items: A descriptive analysis [J]. Accounting Horizons, 2011, 25 (3): 511-536.

[21] KAPLAN S N, RUBACK R S. The valuation of cash flow forecasts: An empirical analysis [J]. The Journal of Finance, 1995, 50 (4): 1059-1093.

[22] KIM M, RITTER J R. Valuing IPOs [J]. Journal of Financial Economics, 1999, 53 (3): 409-437.

[23] KUOSMANEN T. Efficient diversification according to stochastic dominance criteria [J]. Management Science, 2004, 50 (10): 1390-1406.

[24] LIE H, LIE E. Multiples used to estimate corporate value [J]. Financial Analysts Journal, 2002, 58 (2): 44-54.

[25] LIU J, NISSIM D, THOMAS J. Equity valuation using multiples [J]. Journal of Accounting Research, 2002, 40 (1): 135-172.

[26] LIU J, NISSIM D, THOMAS J. Is cash flow king in valuations? [J]. Financial Analysts Journal, 2007, 63 (2): 56-68.

[27] MCKINSEY C, KOLLER T, GOEDHART M, et al. Valuation: Measuring and managing the value of companies [M]. 6th ed. Hoboken: John Wiley, Inc, 2015.

[28] MCVAY S E. Earnings management using classification shifting: An examination of core earnings and special items [J]. The Accounting Review, 2006, 81 (3): 501-531.

[29] PALEARI S, SIGNORI A, VISMARA S. How do underwriters select peers when valuing IPOs? [J]. Financial Management,

2014, 43 (4): 731-755.

[30] RIEDL E J, SRINIVASAN S. Signaling firm performance through financial statement presentation: An analysis using special items [J]. Contemporary Accounting Research, 2010, 27 (1): 289-332.

[31] ROOSENBOOM P. Valuing and pricing IPOs [J]. Journal of Banking and Finance, 2012, 36 (6): 1653-1664.

市盈率估值——一种不完美却更精确的估值方法

我们通过研究发现，遵循经典估值模型的理论指导，并在构建比率时引入非线性特征，可以显著提高使用市盈率（P/E）对公司股权估值的精确度。在我们的样本中，对于大约60%的公司，定价误差能够保持在股价的15%以内。这一结果表明，尽管市盈率估值方法有时被视为一种不完美的启发式方法，但当这种方法引入非线性特征后，其估值精确度能够得到大幅度提升，甚至超过了现有会计文献中对未来现金流进行预测的更为全面的估值方法。

具体而言，经典的市盈率估值方法在实际应用中通常会因为忽略了财务信息与市场预期之间的非线性特征而被认为不够精确。然而，我们的研究表明，通过在估值过程中引入非线性特征，可以显著减少估值误差。这样，尽管市盈率估值方法看似简单，但经过改进后，在许多情况下使用市盈率进行估值可以获得比复杂的未来现金流折现模型（DCF）等方法更为准确的估值结果。

我们的研究不仅证明了市盈率估值方法的潜在优势，而且突出了在估值过程中考虑非线性特征的重要性。通过这种方式，投资者和财务分析师可以在使用市盈率比率进行公司估值时获得更高的精确度，从而做出更为明智的投资决策。

综上所述，我们的研究表明，尽管市盈率估值方法有其局限性，但在适当调整后，它仍可在实践当中成为实用性非常强的估值工具。尤其是对于那些对未来收益有较好预期且财务数据较为稳定的公司，这种方法可以提供高度精确的估值结果。

一、引言

使用财务比率对公司股权进行估值在实际操作中被广泛应用（Demirakos, Strong, and Walker（2004）; Asquith, Mikhail, and Au

（2005）；Damodaran（2006））。其主要吸引力在于其简便性，因为该方法能够避免更全面方法所需的复杂预测和现值计算。财务比率估值方法的主要优点在于它的简洁性，这使得它成为在实际操作中一种备受欢迎的方法。它跳过了需要进行详细预测和现值计算的复杂步骤，而是直接利用当前市场数据进行估值。那么，这种简便性是否以较低的精确度作为代价？我们在这项研究中进行的定价误差分析表明，如果遵循会计估值模型的规定，情况并非总是如此。我们的研究结果显示，当对财务比率估值引入会计估值理论模型指导的非线性特征，估值的精确度可以显著提高。

我们研究的估值方法将前瞻性的市盈率与行业可比较公司选择标准相结合。我们的选择是基于财务比率是否可预测以及在大量财务比率和可比公司选择方法中的估值精准度（Liu，Nissim，and Thomas（2002），Kang and Starica（2014））。我们发现，按照会计估值模型的规定，在预测财务比率时考虑非线性特征，可以显著提高估值精度。虽然没有在相同样本上进行评估，但改进后市盈率的估值准确性与文献中记录的全面估值方法表现相当。通过这种方法，我们能够在保留其简便性的同时，提高其精确度，使其在实际应用中更具价值。

当对估值误差进行分析时，我们需要引入有效市场假说，这意味着最佳的估值应该最接近投资者对内在价值的信念。在这种假设前提下，对不同估值方法表现的衡量标准就是估值误差分布应当尽可能接近零。在本书中，有效市场假说基于以下前提，即市场价格已经反映了所有可获得的信息，因此，最好的估值方法应当是那些能够生成最接近市场价格的估值。

在本书中，估值精度的提高源于对财务比率更精准的预测。这是因为对于价格与价值驱动因素的财务比率，相对定价误差（即预测价格减去实际价格再除以实际价格）等于比率的相对预测误差（即预测比率减去实际比率再除以实际比率）。因此，对于价格与价值驱动因素的财务比率，更好的定价仅通过改进财务比率预测表现实现。这表明，通过提高比率预测的准确性，可以直接提高估值的精确度，而不需要改变其他变量或提供额外信息。

在会计文献中，更好地预测财务比率并不是一个新话题。在与我们的研究主题密切相关的一篇论文中，Bhojraj和Lee（2002）使用线性回归和公司盈利能力、风险和增长特征来预测未来的市净率（P/B）和企业价值销售比（EV/S）。首先，他们使用剩余收益估值模型推导出两个常见估值财务比率的基本决定因素。然后，通过将观察到的估值比率与基本决定因素进行线性回归来构建估值财务比率的预测（尽管模型规定这些决定因素与比率之间的关系是非线性的）。Bhojraj和Lee（2002）报告了相对于传统技术的显著性能提升：企业价值销售比率的相对定价误差绝对值的中位数从0.55降至0.35，市净率的相对定价误差绝对值的中位数从0.38降至0.29。这些结果显示了通过引入公司特征，可以显著提高财务比率估值的准确性。

在对上述论文的讨论中，Sloan（2002）提出了许多问题，其中最重要的是：对于明显是非线性的关系使用线性方法建模，前一年的财务比率数值在预测该比率当前数值的作用、使用方法及财务比率估值方法的启发性性质。他最终直接质疑了使用财务比率进行估值的方法：与其依赖诸如财务比率估值这样“不完美的启发式方法”，不如使用“更全面的估值方法”。Sloan（2002）认为，虽然财务比率估值在实际操作中非常流行，但它们在理论上存在许多问题，特别是当处理非线性关系时显得不够理想。

我们的研究基于这种批评，对估值文献做出了若干贡献。首先，它更好地阐明了在估值中使用非线性预测技术的范围。在传统的财务比率估值方法中，目标公司的市盈率通常被预测为同行中位数的市盈率（在我们的例子中是行业比率中位数）。在第三部分中，我们论证了被预测量，即公司的市盈率与预测量，即行业中位市盈率之间的关系是非线性的。第五部分的实证分析证实了基于模型的论点。它还显示，偏离线性关系主要影响中位市盈率较小/较大的行业。

其次，我们展示了非线性预测技术的实际影响。在第六部分中，我们发现当预测目标公司的收益率时，可以通过引入非线性的考量大大提高估值精度：中位绝对定价误差从0.21降至0.12。估值精准度的提高主要惠及市盈率比小/大的公司、市盈率比小的行业公司以及预期增长高的公司。我们还发现直接进行非线性价格预测比简单的比率估值更为精确。将非线性假设引入到估值过程中可以更准确地进行定价，而无须经过比率预测的中间步骤。

第三，我们阐明了在预测当前比率值中使用前一年比率值的作用。有人指出，“如果从业者只是想生成公司当前或未来估值比率的最佳预测，那么公司的过去估值比率将是最有用的预测变量”（Sloan，2002）。我们在第六部分中展示了上一年市盈率虽然是一个可以提供有效信息的预测变量，但当引入非线性特征，市盈率的滞后项不能进一步提高财务比率预测或估值的准确性。在非线性预测中加入上一年的市盈率并不会显著降低相对定价误差。

我们的研究重新定位了比率定价与更全面的估值方法的关系。在超过22 000个公司-年份样本上，引入非线性特征的改进市盈率比率估值方法的定价误差绝对值的中位数为10.6%（标准差为16.5%）。迄今为止文献中报告的最精确的全面估值方法是在Courteau、Kao和Richardson（2001）中提出的，其方法基于贴现现金流模型，并在终值表达中使用了Value Line给出的预测价格。在一个比我们小10倍的样本上，它记录的中位绝对定价误差为13.7%（标准差为19.7%）。因此，虽然市盈率估值可能被称为一种“不完美的启发式方法”，但当我们更加精细遵循会计估值模型的理论指导，市盈率估值能够成为一种精确的定价方法。

总之，我们的研究回答了Sloan（2002）提出的“我们为什么如此关心财务比率估值的精度问题”。我们给出的答案很简单：因为它们能够做到足够精准。

二、财务比率与综合会计模型的估值准确性

为了更好地理解我们研究中所描述的精度提升，本书将回顾文献中的两类估值方法——财务比率估值和基于未来现金流模型的估值。我们将首先从学术研究中关于应用财务比率进行公司股权估值的准确性开始探索。

Alford（1992）使用市盈率（P/E）比率对4 698个公司年份进行了估值，文章发现在基于行业和股本回报率（ROE）选择可比公司时，样本3年的估值误差绝对值的中位数为23.9%。在一个更大的样本中，Cheng和McNamara（2000）对30 310个公司-年度观测数据进行了研究，记录了样本20年内P/E估值的估值误差绝对值的中位数为26.4%，而使用市净率（P/B）进行估值的误差绝对值的中位数为24.1%。在这两种情况下，可比公司的选择均基于行业和股本回报率的交集。

Liu、Nissim和Thomas（2002）对1982年至1999年间的26 613个观察值中的大量财务比率相对于当前股价的表现进行了比较。他们发现前瞻性的市盈率表现最佳，其估值误差的四分位距为0.30（他们并未报告估值误差绝对值的统计数据）。Bhojraj和Lee（2002）使用合理的财务比率预测目标公司的未来市净率和市销率，相对于传统可比公司选择标准（基于公司规模和/或行业匹配公司），预测精准度能显

著得到提升。他们报告的最佳表现是市净率，其中位绝对误差为0.29。在涵盖1998财年的8 621个样本中，Lie和Lie（2002）使用美国股权数据的10个不同财务比率进行估值，结果显示估值误差绝对值的中位数范围在22.4%至34.4%之间。

Schreiner和Spremann（2007）在对1996—2005年期间592家欧洲公司的样本中尝试了27个财务比率的估值表现。他们发现，历史财务比率的估值误差绝对值的中位数介于25.4%至44%之间，而对于前瞻性财务比率，其估值误差绝对值的中位数范围为21.5%至43.8%。表现最佳的是基于两年后分析师预测收益的前瞻性市盈率比率。

在对基于模型的内在估值和财务比率定价的直接比较中，Courteau，Kao，O'Keefe和Richardson（2003）检验了以下假设：将Value Line预测的相关会计变量和价格转换为公司内在价值的估值误差优于3种行业比率方法中的任意一种。他们使用的财务比率是我们研究中讨论的前瞻性市盈率。相较于财务比率估值方法，他们认为应用直接估值方法能够得到更加精确的估值效果，因为没有两家公司是完全相同的。考虑到行业内公司之间的异质性，基于分析师对目标公司的详细了解直接计算的估值（即直接方法）比基于可比公司信息推断的估值（即行业比率方法）预期具有更高的准确性。在对1990—2000年期间43 204个季度公司数据的样本中，他们报告了直接估值的中位绝对误差为16.8%，而3种财务比率法的估值误差分别为27.8%，26.1%和19.9%。前瞻性市盈率的表现（19.9%）与我们样本中报告的统计量（21.8%）相当。

Kang和Starica（2014）系统地研究了同行选择标准、考虑的同行数量以及预测比率的方法对36对财务比率和同行选择标准的影响。在涵盖1968—2010年期间96 598个公司-年份的样本中，他们记录了市盈率和市净率比率结合基于股本回报率和总资产或股本回报率和行业标准选择可比公司时的优越性。基于历史数据的财务比率估值误差绝对值的中位数介于30%至64%之间。在2000—2010年间的3 672个公司财年的样本中，前瞻性市盈率表现最佳，其估值误差绝对值的中位数为21%。

这些研究结果表明，尽管财务比率估值方法存在一定的局限性，但在恰当使用时，它们仍然能够提供具有竞争力的估值精确度，甚至在某些情况下可以与基于模型的复杂估值方法相媲美。这也强调了在进行估值时选择合适的可比公司和合理使用预测方法的重要性。

总体来说，财务比率估值方法，尽管有时被认为是简化的工具，但当其合理应用并详细结合会计理论模型的特征时，它能够提供非常精准的估值表现。这些研究显示了在估值领域中，财务比率和基于模型的方法各有优势，适用于不同的情境和需求。通过对可比公司选择标准、可比公司数量和预测方法的优化，财务比率估值方法的准确性可以显著提高，从而在实际应用中提供有价值的参考。

财务比率估值的准确性在很大程度上取决于所使用的具体财务比率以及同行业相似公司的选择方法：估值误差绝对值的中位数范围在20%到60%之间。最精确的财务比率，其估值误差绝对值的中位数约为20%，通常是前瞻性市盈率比率的变体。

更全面的估值方法一般都基于会计模型，如股利折现模型（DDM）、现金流折现模型（DCF）、剩余收益模型（RIM）或折现异常收益（AE）模型。与财务比率方法不同，这些方法不依赖股票市场中的价格相关信息，而是将分析师对相关财务变量或价格的预测转换为公司的内在价值。最近的几项研究深入调查并比较了这些模型估值方法的估值结果。

在一个涵盖1989—1993年期间由Value Line追踪的2 907个公开交易公司财年的样本中，Francis，Olsson和Oswald（2000）发现，折现异常收益模型的估值表现明显优于股利折现模型或现金流折现模型。对于每类中最精确的估值，折现异常收益模型的中位绝对预测误差为30%，现金流折现估值模型的估值误差绝对值中位数为41%。股利折现模型的估值精度最低，估值误差绝对值中位数为69%。在一个涵盖1981年至1998年期间的36 532个公司财年观察样本中，Sougiannis和Yaekura（2001）记录了剩余收益模型的估值误差绝对值中位数为47%。

Heinrichs，Hess，Homburg，Lorenz和Sievers（2011）在一个涵盖1986—2006年期间由Value Line追踪的15 658个公司-年份观察样本中，检查了股利折现模型、现金流折现模型和剩余收益模型的表现。表现最好的股利折现模型的中位绝对误差为81%，最精确的现金流折现模型的绝对定价误差为50%，而最精确的方法是增长率为2%的剩余收益模型，其估值误差绝对值中位数为32%。Courteau，Kao和Tian（2015）在一个较小的样本中也记录了扩展假设下剩余收益模型优于现金流折现模型的表现，该样本包含1990—2000年间的5 123个公司-年份观察样本。报告的平均绝对估值误差绝对值中位数在32%到44%之间。

最近的文献认为，在每类估值模型中，相比于使用非价格终值的模型，使用预测价格作为终值表达的模型生成的预测误差最低。Courteau et al.（2001）讨论了剩余收益和现金流折现估值，并表明在终值表达中使用Value Line预测目标价格显著提高了定价精度。在一个涵盖1992年至1996年期间2 110个公司财年的样本中，他们发现在非价格模型中，剩余收益模型的估值误差绝对值的中位数为38%，现金流折现模型的估值误差绝对值的中位数为40%到44%。与此相比，基于价格的方法显示出显著的精度改进：两种模型的估值误差绝对值降低到14%。尽管这种精度提升颇为可观，但这种提升需要丰富的信息，该研究的样本范围主要集中于422家大型公司。文中实现的基于价格的估值方法只能用于Value Line覆盖的公司。

总体来说，估值文献似乎一致认为，基于非价格终值模型的估值精度较低：估值误差绝对值的中位数均大于30%。通过使用理论上理想终值表达的代理可以显著提高精度。文献中最精确的基于折现异常收益模型的估值（也是我们所知的最精确的方法）误差绝对值中位数为16.8%（Courteau et al.，2003），以及基于价格终值的剩余收益和现金流折现模型的估值误差绝对值中位数为14%（Courteau et al.，2001）。这种精度是有代价的：需要推断市场预期的未来股价及其与特定会计系统账面价值的溢价，即理论上理想的终值表达。能够具备这种条件的公司数量远少于通常分析师收益预测所覆盖的公司数量。

三、非线性关系

本书为前瞻性财务比率和行业中位数收益率之间的非线性关系提供了理论依据和实证支持。这些结果为实证部分讨论的估值方法提供了共同的基础。基本的会计估值模型表明，历史市盈率以及当前的行业中位数收益率可以被视为待估值公司的未知股权资本成本（Cost of Equity Capital，COEC）的近似值。这些模型假定，前瞻性市盈率和股本回报率（Return on Equity，ROE）之间的关系是非线性的。为了使这些模型在实际操作中可行，需要进行一些简化假设。我们在研究过程中采用的估值方法是通过将未知股权资本成本的近似值代入估值模型中获得。

首先，我们需要理解，基本的会计估值模型如何利用市盈率和行业中位数收益率来估计公司的股权资本成本。市盈率，即股票价格与每股收益的比率，反映了市场对公司未来盈利能力的预期。而行业中位数收益率则代表了行业内公司整体的平均表现。通过比较公司的市盈率与行业中位数收益率，我们可以推测出该公司的股权资本成本。

其次，这些模型假设前瞻性市盈率和股本回报率之间存在非线性关系。这意味着，随着公司股本回报率的变化，市盈率并不是以线性的方式变化，而是可能呈现出更复杂的关系。例如，在某些情况下，股本回报率的增加可能会导致市盈率显著提高，而在其他情况下，市盈率的变化则较为平缓。

为了使这些模型在实际操作中可行，我们需要进行一些简化假设。这些假设可以帮助我们将复杂的财务关系简化为可操作的计算公式。通过这些简化，我们能够更容易地将未知的股权资本成本代入估值模型中，得到公司的估值。

研究中所采用的定价方法，是通过将未知的股权资本成本近似值代入不同的操作版本的估值模型中得出的。例如，可以使用行业中位数收益率作为股权资本成本的近似值，然后通过非线性回归模型来估计公司的前瞻性市盈率。这种方法不仅考虑了行业内其他公司的表现，而且考虑了公司自身的盈利能力和成长潜力，从而提高了估值的准确性。

这些考虑为前瞻性市盈率和行业中位数收益率之间的非线性关系提供了形式上的论据，并为一组定价方法提供了共同的基础。通过理解基本会计估值模型如何利用市盈率和行业中位数收益率来近似股权资本成本，以及前瞻性市盈率和股本回报率之间的非线性关系，我们可以更准确地对公司进行估值。通过简化假设，我们能够将复杂的财务关系转化为可操作的计算公式，从而提高估值的准确性和可靠性。

（一）通过收益率估算股权资本成本

在接下来的讨论中，我们将前瞻性市盈率（Forward Earnings-to-Price Ratio）视为公司股权资本成本（COEC）的一个估计值。正如 Easton（2004）所指出的那样，使用收益率来代表股权资本成本是基于一个假设，即单一年度的收益能够代表未来的收益流。这种解释得到了最近会计研究的支持（如 Easton and Monahan（2005，2010），Larocque and Lyle（2014）），这些研究表明，简单的市盈率在大多数文献中常用的隐含资本成本衡量方法中表现更佳。为了更好地阐明这一观点，我们将引用剩余收益估值模型（Residual Earnings Valuation Model，REM）来进一步解释。

在剩余收益估值模型中，公司股东权益的当前价值（CSE_0）加上未来净收益（NI_t）减去股东权益的预期回报（$r_E \times CSE_{t-1}$）的现值，便得到了公司的内在价值（V_E）。具体公式如下，

$$V_E = CSE_0 + \sum_{t=1}^{N} \frac{NI_t - r_E \times CSE_{t-1}}{\left(1 + r_E\right)^t} \tag{3.1}$$

我们假设在第一年之后的剩余收益为零，这样可以简化公式如下：

$$V_E = CSE_0 + \frac{NI_1 - r_E \times CSE_0}{r_E} = \frac{NI_1}{r_E} \tag{3.2}$$

这个简化后的公式意味着，如果当前市场价格反映了公司的内在价值，那么前瞻性比率 $\frac{NI_1}{P_0}$ 应该等于公司的预期股本回报率（逆向工程，Reverse Engineer）：

$$\frac{NI_1}{P_0} \approx r_E \tag{3.3}$$

通过上述公式，我们可以得到以下详细的分析和解释：

首先，我们需要理解，前瞻性市盈率 $\frac{NI_1}{P_0}$ 实际上可以作为股权资本成本 r_E 的一个近似值。市盈率表示的是公司每股收益与其股票价格的比率，通过这一比率，我们可以推断出市场对公司未来盈利能力的预期。根据Easton（2004）的研究，使用单一年度的收益作为未来收益流的代表能够有效地近似公司的股权资本成本，这一结论在许多会计研究中得到了验证。

其次，剩余收益估值模型（RIM）进一步支持了这一解释。REM模型通过考虑公司股东权益的初始价值（CSE_0）和未来净收益（NI_t），来估算公司的内在价值。在简化假设下，假设第一年之后的剩余收益为零，模型可以简化为一个易于操作的公式：公司的内在价值等于其当前股东权益加上未来净收益的现值。具体来说，这意味着，如果当前市场价格反映了公司的内在价值，则前瞻性市盈率等于公司的股权资本成本。

此外，这一公式为股权资本成本的估算提供了一种简单有效的方法。通过逆向工程，我们可以利用当前的市场价格和未来净收益来推断公司的股权资本成本。这一方法不仅简化了计算过程，而且提高了估值的准确性。最后，通过这种方法，我们能够更准确地评估公司的股权资本成本，从而更好地进行投资决策和财务规划。股权资本成本是公司融资决策中的一个关键参数，它影响着公司的资本结构和投资项目的选择。因此，能够准确地估算这一成本，对于公司管理层和投资者来说都是非常重要的。

通过收益率来估算股权资本成本是一种简便且有效的方法，这一方法得到了基本会计估值模型和最近会计研究的支持。剩余收益估值模型（RIM）进一步提供了理论基础，使这一方法在实际操作中更加可行和可靠。通过这种方法，我们可以更准确地评估公司的股权资本成本，从而更好地进行投资决策和财务规划。

类似的解释也适用于比率 $\frac{NI_2}{P_0}$。假设第 k 年（$k>1$）之后没有增长，并假设清洁盈余（Clean Surplus）关系成立：

$CSE_1 = CSE_0 + NI_1 - D_1$

其中，D_1 表示股息，RIM 模型（3.1）简化为：

$$\begin{aligned} V_0^E &= \sum_{t=1}^{k-1} \frac{D_t}{(1+r_E)^t} + \frac{NI_k}{r_E \times (1+r_E)^{k-1}} \\ &= \sum_{t=1}^{k-1} \frac{PR_t \times NI_t}{(1+r_E)^t} + \frac{NI_k}{r_E \times (1+r_E)^{k-1}} \end{aligned} \tag{3.4}$$

其中，PR 表示股息支付率，即净收益中支付为股息的比例。当 k=2 时，模型变为：

$$V_0^E = \frac{D_1}{1+r_E} + \frac{NI_2}{r_E \times (1+r_E)} = \frac{PR_1 \times NI_1}{1+r_E} + \frac{NI_2}{r_E \times (1+r_E)} \tag{3.5}$$

两个观察结果有助于简化公式（3.5）对大多数公司的表达。首先，和公式中的第二项 $\frac{NI_2}{r_E \times (1+r_E)}$ 相比，第一项 $\frac{PR_1 \times NI_1}{1+r_E}$ 显得微不足道。因为两个连续的收益值，通常大小相近，分别被 PR_1（通常在 0 到 0.5 之间的值）和 $\frac{1}{r_E}$（通常在 5 到 20 之间的值）所乘。其次，对于大多数公司常见的 r_E 值范围（$r_E \in [0.05, 0.25]$），$r_E \times (1+r_E) \approx r_E$。因此，如果当前价格正确反映了公司的价值，则逆向推导得出：

$$\frac{NI_2}{P_0} \approx r_E \tag{3.6}$$

上述讨论暗示基于过去数据对公司未知股权资本成本的两种操作性近似。这些近似为过去前瞻性比率的滞后值：

$$r_{E,i} \approx lagged\left(\frac{NI_{1,i}}{P_{0,i}}\right) and r_{E,i} \approx lagged\left(\frac{NI_{2,i}}{P_{0,i}}\right) \tag{3.7}$$

在我们讨论另一种基于相同时间维度信息的股权资本成本近似之前，我们将会讨论公式（3.4）中的授予收益模型，这将成为本书第六部分中直接预测价格的基础。我们假设公司从第3期到第 k 期之间的收益增长率 g_i 和股息支付率 PR_i 保持不变，则公司的价值可以表示为：

$$V_0^E = \frac{PR_i \times NI_{1,i}}{1 + r_{E,i}} + \frac{PR_i \times NI_{2,i}}{\left(1 + r_{E,i}\right)^2} \times \left[\sum_{t=0}^{k-3}\left(\frac{1 + g_i}{1 + r_{E,i}}\right) + \frac{1}{r_{E,i}} \times \left(\frac{1 + g_i}{1 + r_{E,i}}\right)^{k-3}\right]^t = \tilde{f}\left(r_{E,i}, NI_{1,i}, NI_{2,i}, g_i, PR_i\right) \tag{3.8}$$

我们可以将公式（3.8）简化为非线性函数，如下：

$$V_0^E = \tilde{f}\left(r_{E,i}, NI_{1,i}, NI_{2,i}, g_i, PR_i\right)$$

通过该非线性函数，我们可以更准确地估算公司的价值，从而提高估值的精确性。

（二）通过行业的中位收益率近似股权资本成本

公式（3.3）和公式（3.6）中所展示的前瞻性比率和股权资本成本（COEC）之间的关系可以用来构建一个关于公司 i 的未知股权资本成本的近似值。这一过程从同一行业中其他公司的已观测比率开始。近似的精度基于一个关键假设，即同一行业中的所有公司共享一个共同的运营资本成本。更具体地说，根据加权平均资本成本（WACC）公式，同一行业中公司 j 的预期股权回报率 $r_{E,j}$ 可以分解为以下形式：

$$r_{E,j} = r_F + \frac{V_j^D}{V_j^E} \times \left(r_F - r_{D,j}\right) \tag{3.9}$$

这里的 r_F 代表一个共同的部分，即所有公司共享的运营资本成本，而 $\frac{V_j^D}{V_j^E} \times \left(r_F - r_{D,j}\right)$ 代表一个特定的部分，即市场杠杆和所需回报率差异的乘积。

该分解与公式（3.3）和公式（3.6）中的近似表明，同一行业中公司的前瞻性收益率可以用来预测公司 i 的未知股权资本成本。更具体地，通过在公式（3.9）中应用中位数，可以得出以下行业中位收益率的科学表达：

$$median_{\substack{j \in SIC \\ j \neq i}}\left(\frac{NI_j}{P_{0,j}}\right) \approx median_{\substack{j \in SIC \\ j \neq i}} r_{E,j} = r_F + median_{\substack{j \in SIC \\ j \neq i}}\left(\frac{V_j^D}{V_j^E} \times \left(r_F - r_{D,j}\right)\right)$$

这个表达式表明，行业中位收益率是一个与公司 i 的未知股权资本成本紧密相关的量。它包含了一个共同部分，即运营资本成本，并通过行业中公司的中位数单独贡献来近似特定的部分。

这种讨论激发了在后续估值过程中，使用行业中位收益率来近似公司 i 的未知股权资本成本 $r_{E,j}$：

$$\begin{cases} r_{E,j} \approx median_{\substack{j \in SIC \\ j \neq i}}\left(\dfrac{NI_{1,j}}{P_{0,j}}\right) \\ \qquad and \\ r_{E,j} \approx median_{\substack{j \in SIC \\ j \neq i}}\left(\dfrac{NI_{2,j}}{P_{0,j}}\right) \end{cases} \tag{3.10}$$

该方法将公司特有的股权资本成本近似为行业中位收益率，有助于我们更准确地估算公司的内在价值。这一近似不仅简化了估值过程，而且能够在一定程度上提高估值的准确性，因为它利用了行业内其他公司提供的信息，从而使得估值更加可靠并具有代表性。通过这种方式，我们不仅可以更好地理解行业的整体运营资本成本，而且可以更精确地估算出单个公司的股权资本成本，这对于企业评估和财务决策具有重要意义。

（三）基于不同 $\frac{V}{NI}$ 比率表示法的定价

在本书中，我们将讨论在剩余收益模型（REM）中采用不同简化假设对估值方法的影响。这些操作性假设是为了与第六部分实证分析样本中的信息相匹配，即分析师对未来一两年收益以及未来短期收益增长率的预测。通过在公式（3.2）和公式（3.4）中引入公司股本成本（COEC）的两种近似方法，我们将展示一系列估值方法。

首先，公式（3.2）中的 RIM 模型的最简单版本假设公司 i 的价值与收益比率如下：

$$\frac{V_{0,\,i}}{NI_{1,\,i}} = \frac{1}{r_{E,\,i}}$$

这意味着公司的内在价值可以表示为：

$$V_{0,\,i}^{E} = NI_{1,\,i} \times \frac{1}{r_{E,\,i}} \cong \begin{cases} NI_{1,\,i} \times lagged\left(\dfrac{NI_{.,\,i}}{P_{0,\,i}}\right) \\ NI_{1,\,i} \times median_{\substack{j \in SIC \\ j \neq i}}\left(\dfrac{NI_{.,\,i}}{P_{0,\,i}}\right) \end{cases} \tag{3.11}$$

上述公式取决于对公司未知股本成本的近似。最后的表达式对应于我们的基准普通财务比率估值方法，而前两种情况则对应于将当前比率简单地近似为其最近过去值的情景。这些估值方法的精确性将在第六部分中进行实证研究。

其次，公式（3.4）中的更一般形式的价值模型表示为：

$$\frac{V_{0,\ i}^{E}}{NI_{1,\ i}}=\sum_{t=1}^{k-1}\frac{PR_t}{\left(1+r_{E,\ i}\right)^t}\times\frac{NI_{t,\ i}}{NI_{1,\ i}}+\frac{1}{r_{E,\ i}\times\left(1+r_{E,\ i}\right)^{k-1}}\times\frac{NI_{k,\ i}}{NI_{1,\ i}}$$

假设公司在第3年至第k年期间收益增长率g和派息率PR恒定，公司i的价值与收益比率可以表示为：

$$\frac{V_{0,\ i}^{E}}{NI_{1,\ i}}=\frac{PR_i}{1+r_{E,\ i}}+\frac{PR_i}{\left(1+r_{E,\ i}\right)^2}\times\frac{NI_{2,\ i}}{NI_{1,\ i}}\times\left[\sum_{t=0}^{k-3}\left(\frac{1+g}{1+r_{E,\ i}}\right)^t+\frac{1}{r_{E,\ i}}\times\left(\frac{1+g}{1+r_{E,\ i}}\right)^{k-3}\right]^t=\tilde{f}\left(r_{E,\ i},\ NI_{1,\ i},\ NI_{2,\ i},\ g_i,\ PR_i\right) \tag{3.12}$$

进一步简化后，可以得到：

$$\frac{V_{0,\ i}^{E}}{NI_{1,\ i}}=\tilde{f}\left(r_{E,\ i},\ NI_{1,\ i},\ NI_{2,\ i},\ g_i,\ PR_i\right)$$

其中，$\tilde{f}$是一个非线性函数，类似的表达式适用于比率$\frac{V_{0,\ i}^{E}}{NI_{2,\ i}}$。

上述公式展示了价值与收益比率对预期股权回报率的非线性依赖性，这表明价值与收益比率可以通过4个变量的非线性函数来近似。这些变量不仅包括股本成本，而且涉及未来收益的增长率和派息策略，从而提供了有关估值时需要考虑的其他重要因素的线索。

因此，公式（3.12）给出了公司i内在价值的以下表达式：

$$V_{0,\ i}^{E}\cong NI_{\cdot,\ i}\times\tilde{f}\left(r_{E,\ i},\ NI_{1,\ i},\ NI_{2,\ i},\ g_i,\ PR_i\right) \tag{3.13}$$

在该表达式中，函数$\tilde{f}$是一个涉及股本回报率、未来收益增长率和派息率等多个变量的复杂非线性函数。这意味着我们在进行公司估值时，不仅需要考虑当前的收益水平，而且需要综合考虑未来的收益增长和分红策略，以便更准确地反映公司的内在价值。

通过这种方法，我们能够构建一个结合多种变量的更为精细的估值模型，从而提高估值的准确性。这对于财务分析和投资决策具有重要的意义，因为它能够更好地捕捉公司的真实价值和潜在增长前景。具体来说，利用上述复杂的非线性关系，我们可以更准确地预测目标公司的市盈率，并因此更精确地进行公司估值。这样一来，估值不仅是对当前财务状况的简单反映，而且能够更全面地考虑未来的增长潜力和市场预期。

在基于这种表示法的定价方法上，我们总结了两个重要的备注。第一个备注是将新方法与传统的“Plain-Vanilla”估值方法联系起来。为了使公式（3.13）中的关系具有操作性，我们用公式（3.7）和公式（3.10）中的近似值替换要估值的公司未知股本成本（COEC）$r_{E,\ i}$，并估算非线性函数$\tilde{f}$。当用公式（3.10）中所示的行业中位数收益率来近似$r_{E,\ i}$时，公式（3.12）中的价值与收益比率的表达式变为：

$$
\begin{aligned}
V_{0,\ i}^{E}/NI_{.,\ i} &\cong \tilde{f}\left(median_{\substack{j\in SIC\\ j\neq i}}\left(\frac{NI_{.,\ j}}{P_{0,\ j}}\right),\ \frac{NI_{2,\ i}}{NI_{1,\ i}},\ g_i,\ PR_i\right)\\
&= \tilde{f}\left(median_{\substack{j\in SIC\\ j\neq i}}\left(\frac{P_{0,\ j}}{NI_{.,\ j}}\right),\ \frac{NI_{2,\ i}}{NI_{1,\ i}},\ g_i,\ PR_i\right)
\end{aligned}
\qquad (3.14)
$$

对于非线性函数f，$median_j\left(\dfrac{P_{0,\ j}}{NI_{.,\ j}}\right)=\dfrac{1}{median_j\left(\dfrac{NI_{.,\ j}}{P_{0,\ j}}\right)}$。

这表明，基于公式（3.12）中的市盈率的定价方法推广了公式（3.11）中的Plain-Vanilla财务比率方法：虽然传统的财务比率定价方法将待估值公司的比率构建为行业中位数市盈率，但在本研究提出的方法中，我们将基于行业中位数（及其他变量）的非线性函数来确定比率。值得注意的是，如果用行业平均收益率来估计待估值公司的未知COEC，即：

$$r_{E,i} \approx mean_{\substack{j \in SIC \\ j \neq i}}\left(\frac{NI_{1,j}}{P_{0,j}}\right)$$

$$or$$

$$r_{E,i} \approx mean_{\substack{j \in SIC \\ j \neq i}}\left(\frac{NI_{2,j}}{P_{0,j}}\right)$$

公式（3.12）中的价值与收益比率的表达式将变为：

$$\begin{aligned} V_{0,i}^{E}/NI_{.,i} &\cong \tilde{f}\left(mean_{\substack{j \in SIC \\ j \neq i}}\left(\frac{NI_{.,j}}{P_{0,j}}\right),\ \frac{NI_{2,i}}{NI_{1,i}},\ g_i,\ PR_i\right) \\ &= \tilde{f}\left(mean_{\substack{j \in SIC \\ j \neq i}}\left(\frac{P_{0,j}}{NI_{.,j}}\right),\ \frac{NI_{2,i}}{NI_{1,i}},\ g_i,\ PR_i\right) \end{aligned} \tag{3.15}$$

对于非线性函数$\tilde{f}$，$mean_j\left(\frac{P_{0,j}}{NI_{.,j}}\right) = \frac{1}{mean_j\left(\frac{NI_{.,j}}{P_{0,j}}\right)}$。

因此，基于公式（3.15）中的市盈率表示法进行的定价推广了估值文献中常见的财务比率估值基准方法。在这种常规方法中，待估公司的比率被替换为行业调和平均市盈率。然而，在本研究所提出的方法中，比率被构建为调和平均数的非线性函数，同时还包括其他变量。这种方法不仅保留了行业调和平均市盈率的优势，而且进一步引入了其他相关变量，使得估值模型更为精确和全面。

第二个重要的备注涉及在基于公式（3.13）中的价值表示法进行定价时，用于预测比率的变量。上述公式中的表达式暗示了同时使用不同近似值来估计未知的公司股本成本（COEC）的可能性。这意味着可以采用多种方法来估算COEC，从而提高估值的准确性。具体的实现细节将在下一节中详细说明。

综上所述，通过构建完整的理论框架，本研究不仅为财务分析方法建立了严谨的计量基础，更将传统比率估值模型拓展至动态衍生场景，实现了价值评估方法体系的范式演进。财务比率估值基准方法是从最简单的价值与收益比率公式出发，并通过行业中位数市盈率来估算待估公司的未知COEC得出的。而本研究提出的非线性定价方法在一个更为一般的表示法中引入了相同的未知COEC近似值，将价值与收益比率表示为4个变量的非线性函数。正如我们在后续部分中将看到的那样，在非线性表达式中使用公司未知COEC的多种近似值可以显著提高估值的精确性。这一方法不仅在理论上更为严谨，而且在实际应用中也能够提供更为精确的估值结果。通过这种改进，我们能够更好地捕捉市场的真实价值，从而为投资者和决策者提供更可靠的估值依据。

在总结本书内容时，我们可以得出以下几点结论：首先，本研究方法通过在市盈率表示中引入非线性函数，使得估值模型能够更准确地反映市场实际情况。其次，在预测比率时采用多种COEC近似值的方法，进一步提高了估值的精确性。最后，通过这种非线性定价方法，我们能够在理论和实践中实现更高的估值精度，从而为投资者和决策者提供更有价值的参考信息。

这种方法不仅适用于传统的财务比率估值，而且可以推广到其他类型的估值模型中。未来的研究可以进一步探索这种非线性定价方法在不同市场环境和不同公司类型中的应用效果，从而为估值理论和实践提供更多的支持和参考。这一创新方法的提出，无疑将推动财务估值领域的发展，帮助我们更好地理解并把握市场动态。

四、设计

为了对公司的股权进行估值，财务比率估值方法通过将价值驱动因素（例如净收益）乘以相应的预估财务比率来实现。该财务比率是通过将股票价格与一组可比公司（或同行）的价值驱动因素的财务比率计算得出的，这些可比公司通常是从同一行业中选择的。

具体来说，财务比率估值的核心在于选择合适的价值驱动因素和对应的可比公司。价值驱动因素是能够反映公司经营状况的关键财务指标，例如净收益、销售额、息税折旧摊销前利润（EBITDA）等。而可比公司是指那些与目标公司在业务类型、规模、增长率等方面具有相似性的公司。

在实际操作中，首先需要确定一组可比公司。这些公司通常是通过行业代码（如标准行业分类、北美行业分类系统或Fama-French行业分类）来识别，以确保它们在业务性质上与目标公司相似。然后，计算这些可比公司的股票价格与其价值驱动因素的比率，得到预估财务比率。

接下来，将这些财务比率进行统计处理，通常采用中位数或平均数等方法，得到一个有代表性的估计比率。这个估计比率反映了市场对于同类公司价值的普遍认知。

最后，将目标公司的价值驱动因素乘以这个估计比率，即可得到目标公司的股票价格预测值。这种方法的优势在于简便易行，不需要进行复杂的现金流预测和折现计算，但其准确性依赖于可比公司的选择和市场环境的稳定性。

在本研究中，我们将采用这种财务比率方法来预测公司的股票价格，并通过选择不同的价值驱动因素和可比公司组合，系统地分析其对估值精度的影响。通过实证分析，我们希望能够揭示财务比率方法在不同市场条件下的适用性和有效性，为投资者和决策者提供有价值的参考。

（一）财务比率的预测

为了在第 t 年对公司 i 进行估值，财务比率估值方法首先需要预

测该公司在第 t 年的财务比率 $\frac{P}{NI}$。这个预测的财务比率 $\widehat{\left(\frac{P}{NI}\right)}_{t,i,C}$ 是可比公司（同行公司）集合 C 的财务比率的函数。在第二步中，通过将预测的财务比率乘以未来收益 $NI_{t+1,i}$ 的值，得到预测的价格 $\hat{P}_{t,i,C}$：

$$\hat{P}_{t,i,C} = NI_{t+1,i} \times \widehat{\left(\frac{P}{NI}\right)}_{t,i,C} \tag{3.16}$$

1.基准方法（Plain-Vanilla case）

在普通的财务比率估值方法中，预测的财务比率通常是通过同行公司的财务比率的中位数来构建的，而可比公司是基于各种行业分类来定义的，公式如下：

$$\widehat{\left(\frac{P}{NI}\right)}_{t,i} := median_{\substack{j \in SIC \\ j \neq i}}\left(\frac{P_{t,j}}{NI_{t+1,j}}\right) \tag{3.17}$$

基于公式（3.17）的预测的普通财务比率估值是我们比较的第一个基准。对于那些上一年价格可用的公司，我们考虑了更多的基准。这些基准包括基于其最近过去值的估值公式（3.11），以及通过最近的过去价格值对公司进行估值的简单估值方法。这些基准对于评估普通估值方法相对于基于过去信息的简单方法的实际贡献是非常有用的。

在普通财务比率估值方法中，预测的财务比率通常取自可比公司财务比率的中位数。这意味着在预测目标公司 i 的财务比率时，我们首先选择一组与目标公司相似的同行公司，然后计算这些同行公司在第 t 年的财务比率，将这些比率的中位数作为目标公司的预测财务比率。这种方法的优点在于简单和直接，适用于大多数行业和公司。

然而，仅仅依靠过去的数据进行估值可能会带来一定的偏差，因为它没有考虑到公司的未来发展潜力和市场变化。因此，在实际应用中，我们可能会结合更多的信息和方法来提高估值的准确性。例如，我们可以结合公司的历史增长率、市场趋势以及专家预测等信息，来对未来收益进行更准确的预测。

此外，对于那些有更多历史数据的公司，我们可以通过多年的财务比率变化趋势，来进行更详细的分析和预测。通过这种方式，我们可以更好地捕捉到公司的成长性和稳定性，从而提供更准确的估值结果。

综上所述，普通财务比率估值方法通过同行公司财务比率的中位数来预测目标公司的财务比率，并通过乘以未来收益来估计公司的市场价值。这种方法简单直观，但在实际应用中，我们可以结合更多的信息和方法来提高估值的准确性，从而为投资者和决策者提供更可靠的参考依据。

2.非线性方法

在上一节中，我们详细探讨了公司比率（$\frac{P_{t,j}}{NI_{t+.,j}}$）、股本成本（COEC）、未来收益比率和收益增长率之间的关系，并指出这种关系并非线性。因此，在预测用于定价的公司比率时，应该将其构建为一个预测变量的非线性函数。具体而言，行业中位数比率或公司的历史财务比率在比率构建过程中应该以非线性方式发挥作用。

为了全面评估不同变量和COEC近似值对定价精度的影响，我们通过比较将比率预测为以下变量子集的非线性函数时的定价精度，提出了一套定价方法。这些变量子集具体包括公式（3.12）中的如下形式：

$$\widehat{\left(\frac{P}{NI}\right)}_{t,\ i}=\begin{cases} f(g) \\ f\left(\dfrac{NI_{t+2,\ i}}{NI_{t+1,\ i}}\right) \\ f\left(\dfrac{NI_{t+2,\ i}}{NI_{t+1,\ i}},\ g\right) \\ f\left(lagged\left(\dfrac{NI_{.,\ i}}{P_{0,\ i}}\right)\right) \\ f\left(median_{\substack{j\in SIC\\ j\neq i}}\left(\dfrac{P_{t,\ j}}{NI_{t+.,\ j}}\right)\right) \\ f\left(median_{\substack{j\in SIC\\ j\neq i}}\left(\dfrac{P_{t,\ j}}{NI_{t+.,\ j}}\right),\ lagged\left(\dfrac{NI_{.,\ i}}{P_{0,\ i}}\right)\right) \\ f\left(median_{\substack{j\in SIC_1\\ j\neq i}}\left(\dfrac{P_{t,\ j}}{NI_{t+.,\ j}}\right),\ median_{\substack{j\in SIC_2\\ j\neq i}}\left(\dfrac{P_{t,\ j}}{NI_{t+.,\ j}}\right),\ median_{\substack{j\in SIC_3\\ j\neq i}}\left(\dfrac{P_{t,\ j}}{NI_{t+.,\ j}}\right)\right) \end{cases} \tag{3.18}$$

在实际操作中，我们从预测变量集中去掉了股息支付比率。这是因为拥有上述四个预测变量的公司数量相对较少，而仅包含前3个变量的数据相对较多。考虑到实际情况，使用4个预测变量会显著减少可用的样本量，从而影响分析的准确性和代表性。

根据经验分析（结果在本书第六部分中展示），我们发现当在非线性框架中同时使用 $\dfrac{NI_{t+2,\ i}}{NI_{t+1,\ i}}$ 和 g 这两个变量时，与传统的普通财务比率方法相比，定价准确性显著提高。然而，一旦在预测中使用行业中位数比率，包含这两个变量并不会进一步显著提高定价精度。因此，实际操作中，预测公式可以简化为：

$$\widehat{\left(\frac{P}{NI}\right)}_{t,\ i}=f\left(median_{\substack{j\in SIC\\ j\neq i}}\left(\frac{P_{t,\ j}}{NI_{t+.,\ j}}\right)\right)$$

这些收益率中位数是使用相同的一位数、两位数和三位数SIC代码的同行计算得出的。因此，最简洁的科学表达式（如后文所述）是：

$$\widehat{\left(\frac{P}{NI}\right)}_{t,\ i}=f\left(median_{\substack{j\in SIC_1\\ j\neq i}}\left(\frac{P_{t,\ j}}{NI_{t+.,\ j}}\right),\ median_{\substack{j\in SIC_2\\ j\neq i}}\left(\frac{P_{t,\ j}}{NI_{t+.,\ j}}\right),\ median_{\substack{j\in SIC_3\\ j\neq i}}\left(\frac{P_{t,\ j}}{NI_{t+.,\ j}}\right)\right) \tag{3.19}$$

其中，f是一个需要估计的三元非线性函数。

在这个非线性定价方法中，使用行业中位数比率作为预测变量的一部分，可以更好地反映行业内不同公司的共同特征和差异。通过引入多个SIC代码计算的中位数比率，我们可以在更大范围内捕捉到行业内公司之间的异同，并进一步提高定价的精度。

总体来说，这一节介绍的非线性定价方法通过将公司比率与多个预测变量的非线性关系结合起来，提供了一种更为精准的定价方式。这种方法不仅考虑了传统方法中的行业中位数比率，而且结合了公司历史财务比率等多个变量，使得定价过程更加全面和精确。通过这种方法，我们可以更准确地预测公司的未来价格，从而为投资决策提供更可靠的依据。

（二）财务比率的准确性

在本节中，我们将讨论用于评估和衡量不同估值方法定价精度的指标和量化标准。我们的研究假设市场效率，特别是认为最佳的价值估计是最接近投资者对内在价值信念的估计，这就决定了在比较不同估值方法时需要评估的关键量化指标：相对定价误差。同时，这也意味着一个估值方法的可衡量目标是使定价误差的分布尽可能紧密围绕零点，或者换言之，使绝对定价误差的分布中心值最低，且使其分布的离散程度最小化。

当前的会计文献强调使用特定的相对和绝对定价误差统计量来评估估值方法的准确性。然而，我们认为一个接近随机占优的概念可以更全面地呈现不同方法之间的精度比较。此外，我们提出的测量方法涵盖了目前文献中使用的所有标准，并允许进行精确的统计测试。

在我们的研究中，相对定价误差是指估值方法预测的价格与实际市场价格之间的比例差异。这一误差度量方式可以直观地反映出估值方法的准确性，因为它直接量化了预测值偏离市场实际值的程度。目标是使这一误差尽可能接近于零，从而表明预测价格与市场价格高度一致。

绝对定价误差则是相对估值误差的绝对值，它消除了误差方向（高估或低估）的影响，只关注误差的大小。使用绝对定价误差的目的是通过忽略正负误差，将评估的关注点集中在预测值与市场实际值的偏差大小上，从而更全面地评估估值方法的准确性。

我们提出的精度比较方法基于随机占优的概念。随机占优是指在不同的误差水平上，较高比例的公司通过某种估值方法被准确定价。具体来说，如果估值方法 X 在所有误差水平上准确定价的公司比例均高于估值方法 Y，那么我们可以说方法 X 在随机占优上优于方法 Y。

这一方法不仅涵盖了当前文献中使用的各种标准，如相对误差的四分位距（Interquartile Range）、绝对误差的中位数（Median）和90百分位数（90 Percentile）等，而且允许通过统计测试来精确地比较不同估值方法的精度。因此，随机占优为评估估值方法的准确性提供了一个更全面和严格的框架。

在评估财务比率的准确性时，我们不仅关注特定的误差统计量，而且引入了随机占优的概念来进行全面比较。通过这种方法，我们能够更精确地衡量不同估值方法的相对优势和劣势，从而为选择最优的估值方法提供更坚实的依据。这种方法不仅在理论上更加严谨，而且在实践中能够更好地指导投资决策。

1.相对定价误差

我们定义在第 t 年公司 i 的财务比率的相对（百分比）误差如下：

$$\%E_{i,t}=\frac{\hat{P}_{t,i}-P_{t,i}}{P_{t,i}} \tag{3.20}$$

其中，$P_{t,i}$ 是目标公司 i 在第 t 年的实际股票价格，而 $\hat{P}_{t,i}$ 是基于一组可比公司（同行业公司）计算得到的预测股票价格。对于大部分研究内容来说，用于评估财务比率预测精度的基准股票价格 $P_{t,i}$ 是公司 i 在年度结束后3个月的股票价格。

接下来的方法论主要集中在提高市盈率财务比率的预测精度。我们注意到，定义的财务比率相对误差如下：

$$\frac{\left[\widehat{\left(\frac{P_0}{NI_1}\right)}_{t,i}-\frac{P_{t,i}}{NI_{t+1,i}}\right]}{\frac{P_{t,i}}{NI_{t+1,i}}} \tag{3.21}$$

以及在公式（3.20）中定义的价格相对误差是相等的：公式（3.20）中的误差是通过将公式（3.21）中的误差的分子和分母都乘以目标公司未来收益 $NI_{t+1,i}$ 得到的。因此，更好的财务比率预测将直接转化为更精确的价格预测。具体来说，财务比率预测和基于财务比率的股票价格预测的精度都可以通过一个相对误差来描述。

我们可以更深入地解释这些公式是如何帮助我们更精确地估算公司股票价格的。公式（3.20）的相对误差定义展示了预测价格与实际市场价格之间的差异比例。通过计算这一误差，我们能够清楚地看到预测价格与实际市场价格之间的偏差程度。目标是使这一偏差尽可能接近于零，这意味着我们的预测价格非常接近实际市场价格，从而体现了估值方法的高准确性。

公式（3.21）提供了一个等式，展示了财务比率相对误差如何影响价格相对误差。财务比率的准确预测直接关系到价格预测的准确性。如果能够提高财务比率的预测精度，就能够更精确地预测股票价格。这一关系表明了提高一个方面的预测精度可以整体提升估值方法的精度。

在实际应用中，通过比较不同估值方法的相对误差，我们可以识别出哪种方法在特定情境下表现更优。对于投资决策和财务分析来说，这一点至关重要。本书的方法不仅考虑了相对误差的大小，而且通过综合考虑各种影响因素来提升预测精度。

总体来说，本书提出的评估方法强调了通过改进财务比率预测来提高股票价格预测精度的重要性。相对定价误差的定义和应用为我们提供了一个有效的工具，能够更精确地评估和比较不同估值方法的优劣，从而为投资和决策提供更可靠的依据。这种方法不仅在理论上具有严谨性，而且在实际操作中也能显著提高估值的准确性和可靠性。

2.总体准确性比较指标

学术文献对财务比率估值方法的准确性进行分析时，通常通过考察其定价相对误差 $\%E$（如公式（3.20）所定义）或其绝对值 $|\%E|$ 来评估。使用绝对预测误差赋予正误差和负误差相等的权重。一般来说，通常做法是计算这些分布的某些特定统计量，然后使用这些统计量来比较不同的方法。例如，Liu，Nissim 和 Thomas（2002），Liu，Nissim 和 Thomas（2007）研究了定价相对误差 %E 的分布，并将“四分位间距作为主要的离散度测量指标”。或者，通过比较两个误差分

布的相同百分位数来评估两种定价方法的精确度。Alford（1992）指出，“不同方法的准确性假定由绝对误差 |%E| 的中位数和第90百分位数来衡量”（参见 Cheng and McNamara（2000））。Lie 和 Lie（2002）考虑了价格在实际价格的20%以内的公司百分比，即 |%E| 分布的第20百分位数。同样地，Kaplan 和 Ruback（1995），Kim 和 Ritter（1999），Gilson，Hotchkiss 和 Ruback（2000）以及 Lie 和 Lie（2002）关注“误差在15%以内的部分”，即 |%E| 分布的第15百分位数。

本书的比较基于 Kang 和 Starica（2014）提出的随机占优方法。正如在他们的研究中讨论的那样，这种方法包含了上述所有标准，并允许进行精确的统计测试。为了完整起见，我们在这里回顾一下总体框架。如果对于所有的误差 e，$F_X(e) \geqslant F_Y(e)$，我们称估值方法 X 优于估值方法 Y（记为 $X \geqslant Y$）。在这里，F_X 和 F_Y 分别表示方法 X 和方法 Y 的绝对相对估值误差 |%E| 的累积分布函数（Cumulative Density Function，CDF）。在这种情况下，我们会更倾向于选择方法 X 而非方法 Y。

这种随机占优方法提供了一个全面的框架，能够系统地比较不同估值方法的准确性。通过比较整个误差分布的形状和位置，而不仅仅是某些特定的统计量，可以更全面地了解不同方法的优劣。在实践中，这意味着我们可以识别出哪些方法在整体上更为精确，而不仅仅是在某些特定条件下表现良好。

为了具体化这种方法，我们可以设想，如果方法 X 的绝对相对误差分布始终比方法 Y 更接近零，那么无论选择何种误差水平，方法 X 的表现都优于方法 Y。这种比较不仅考虑了误差的平均大小，而且考虑了误差的分布特征，从而为估值方法的选择提供了更为可靠的依据。

在本书的实证分析中，我们将使用这种方法来系统地比较不同估值方法的准确性，期望能为财务比率估值方法提供更加全面和精确的评估。这种方法不仅在理论上具有高度的严谨性，而且在实际应用中也能显著提高估值的可靠性和准确性。通过这种全面的比较方法，我们能够更好地理解和应用不同的估值技术，从而为投资决策提供更有价值的参考。

如果误差 e 表示一个绝对预测误差，例如 20%，那么定义中的不等式 $F_X(e) \geq F_Y(e)$ 意味着在由方法 X 估值的公司中绝对误差在 20% 以内的公司比例大于或等于由方法 Y 估值的公司比例。换句话说，方法 X 所估值的精确度高于方法 Y（这里的精确度指的是绝对误差小于 e）。如果方法 X 优于方法 Y，那么无论我们选择何种误差水平，方法 X 的精确度总是比方法 Y 更高。

上述定义表明了两个分布对应百分位数之间的明确关系。对于 $p \in [0,\ 1]$，分布 X 的 $(p \times 100)\%$ 百分位数定义为 $F^{-1}(p)$，如果方法 X 优于方法 Y，那么：

$$F_X^{-1}(p) \leq F_Y^{-1}(p) \tag{3.22}$$

对于所有 $p \in [0,\ 1]$，即 X 的所有百分位数都小于对应的 Y 百分位数。特别地，方法 X 的中位绝对误差小于方法 Y 的中位绝对误差。

当建立了两个估值方法 X 和 Y 之间的优势关系后，其优势关系的强度将通过优势度量 $dm(X,\ Y)$ 来衡量。表 3-1 给出了优势关系定义的一个等价公式，可以进行统计实现，并介绍了优势度量的定义。

表 3-1　　**统计占优的度量**

关系	条件	占优度量	含义
$X>Y$ 或 $F_X(e)>F_Y(e)$	$sup_e(F_X(e)-F_Y(e))>0$ 且 $inf_e(F_X(e)-F_Y(e))=0$	$dm(X, Y):=$ $sup_e(F_X(e)-F_Y(e))>0$	方法X比 方法Y更精确
$X<Y$ 或 $F_X(e)<F_Y(e)$	$sup_e(F_X(e)-F_Y(e))=0$ 且 $inf_e(F_X(e)-F_Y(e))<0$	$dm(X, Y):=$ $inf_e(F_X(e)-F_Y(e))<0$	方法Y比 方法X更精确
$X=Y$ 或 $F_X(e)=F_Y(e)$	对于任意误差水平e: $FX(e)=FY(e)$	$dm(X, Y):=0$	方法X与 方法Y同样精确
两种方法均不占优	$sup_e(F_X(e)-F_Y(e))>0$ 且 $inf_e(F_X(e)-F_Y(e))<0$	$dm(X, Y)$ 无定义	两种方法无法进行比较

注：本表提出了优势度量 $dm(F_X, F_Y)$ 的定义，并解释了在两个估值方法 X 和方法 Y 之间建立优势关系的必要和充分条件。这里，F_X 和 F_Y 分别表示方法 X 和方法 Y 的绝对估值误差 $|\%E|$ 的累积分布函数（CDF）。

绝对误差 $|\%E|$ 分布的随机占优概念（见表 3-1）能够让我们对不同估值方法的准确性进行更加全面准确的比较。

在实践中，在比较两种估值方法 X 和方法 Y 的准确性之前，需要估计相应绝对误差 $|\%E|$ 的累积分布函数（CDF），即 F_X 和 F_Y，并在建立估值方法之间的性能关系以及计算估计累积分布函数 F_X 和 F_Y 之间的优势度量 $dm(F_X, F_Y)$ 时考虑统计误差。关于如何严格地进行这一操作的详细信息，请参见本书附录 A。

（三）样本和变量

我们的样本涵盖了27 901个公司年度观察值，时间跨度从1983年至2011年，共计29年。这些数据包括了在CRSP/Compustat中所有提供I/B/E/S分析师盈利预测和增长预测的公司数据，并且我们研究的前瞻性财务比率都是正值。更详细地来讲，我们从CRSP/Compustat数据库中的所有公司年度记录开始，通过以下几步筛选，移除了不符合条件的公司年度数据：

1.移除了在构建财务比率的过程中，变量存在缺失或为负值的公司年度数据，例如股价（P）、一年期前瞻每股收益（NI1）、两年期前瞻每股收益（NI2）和长期增长预测（g）。这些变量都是构建财务比率的重要因素。

2.移除了SIC代码在6 000到6 799之间的公司，这些公司属于金融行业。金融行业的公司由于其特定的财务结构和估值方法，不适合与其他行业公司进行直接比较。

3.排除了财务比率值位于最大和最小1%的观测值。极端值可能会对样本的整体分析结果产生不利影响，因此需要剔除这些数据以保证分析的准确性和代表性。

4.移除了那些在某一年中没有同行业公司的公司，即在某一年中没有同一SIC代码首位的其他公司可作为同行对比。这是为了确保每个公司都能找到合适的同行公司进行比较。

有关样本构建具体步骤的更多详细信息，请参见本书附录中的附表3-2和附表3-3。

图3-1展示了每年样本中公司的数量随时间的变化趋势。在20世纪90年代中期，样本量达到了顶峰，每年大约有1 500家公司。样本初期包含的公司数量较少，每年仅有600家~700家公司。近年

来，每年的公司数量也有所减少，这可能与市场变化、公司合并和退市等因素有关。

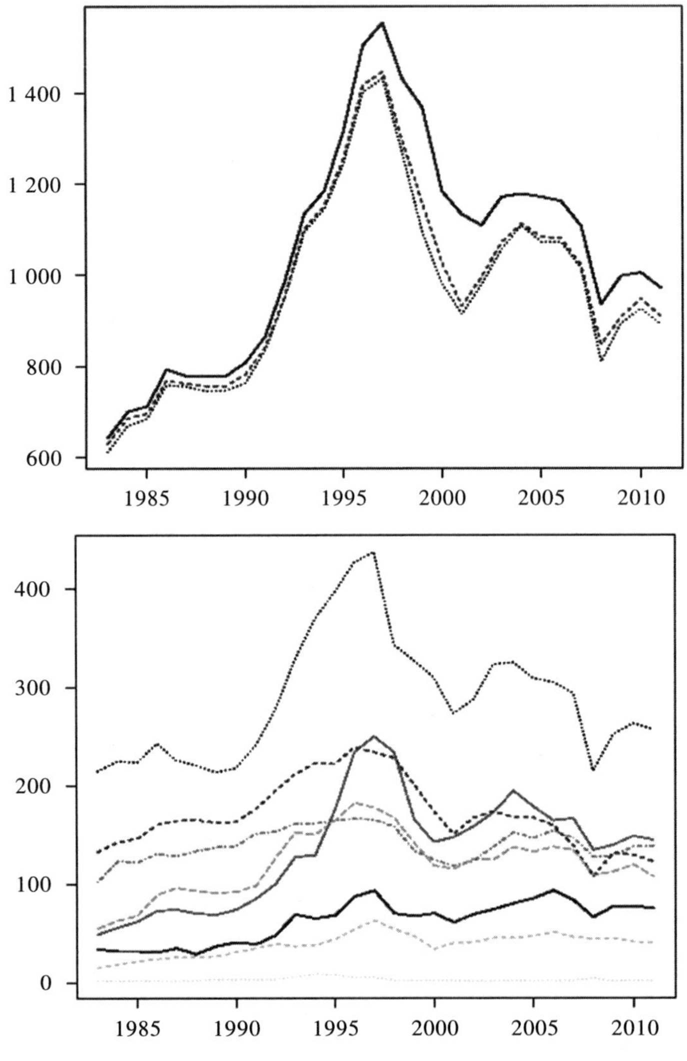

图3-1 样本中公司数量的时间演变

注：第一个图是年度样本的详细构建过程，从上到下依次表示：排除金融、保险和房地产行业（SIC代码6000—6799）的公司，以及价格（P）、一年期前瞻

每股收益（NI1）、两年期前瞻每股收益（NI2）和长期增长率（g）存在缺失值的公司之后剩余的公司数量（最上方曲线）。具有正值且有限的前瞻财务比率P0/NI1和P0/NI2的公司数量（中间曲线）。排除掉1%极端财务比率值的公司，以及在某一年中没有同一SIC代码首位的同行公司的公司后，最终样本中的公司数量（最下方曲线）。第二个图代表按行业划分的年度样本中公司数量（1位SIC代码），显示了按行业划分的年度样本中公司数量的变化，从上到下依次表示：SIC 3（制造业），SIC 2（制造业），SIC 4（运输、通信和公用事业），SIC 5（批发和零售贸易），SIC 1（矿业和建筑业），SIC 7（服务业），SIC 8（服务业），SIC 9（公共管理）。

值得注意的是，我们的估值研究涵盖的公司数量明显多于Courteau等（2001）在其研究中所包含的公司数量。Courteau等（2001）的研究报告了最准确的基于模型的估值，但其样本规模相对较小。在1992年，我们的样本规模是他们样本规模的2倍多，在1996年我们的样本规模是他们的4倍多。需要提到的是，被引用的研究覆盖了1992—1996年，并仅跟踪了442家公司。我们的样本规模从1992年的920家公司增加到1996年的1 460家公司，显示了我们研究的广泛性和代表性。财务比率的描述性统计见表3-2。

表3-2　　**财务比率的描述性统计**

比率	均值	中位数	最小值	25%分位数	75%分位数	最大值	标准差
NI_1/P_0	0.069	0.065	0.004	0.047	0.086	0.222	0.033
NI_2/P_0	0.084	0.078	0.013	0.059	0.101	0.269	0.036

注：该表提供了前瞻财务比率的描述性统计数据，这些数据有助于我们理解样本中公司在不同时期的财务状况以及各行业的财务特征。

用于构建所研究的前瞻性财务比率的驱动因素包括I/B/E/S的一年期前瞻每股收益预测的平均值（NI1）和两年期前瞻每股收益预测

的平均值（NI2）。长期增长预测（g）是I/B/E/S分析师对公司长期增长率的预测平均值。股票收盘价（P）数据来自CRSP数据库，代表的是报告期结束后3个月末的股价。这些数据的综合使用，确保了我们研究结果的准确性和可靠性。

（四）统计实施过程

接下来将描述的算法被逐年应用于样本中的公司数据。为了获取行业中位数收益率对股本成本（COEC）的近似值，我们采用了一种保持法程序。在这个程序中，行业财务比率是通过计算目标公司所在行业内其他公司财务比率的中位数得到的。具体来说，对于每个特定行业的某一年份，我们逐一移除每个公司观察值，然后用该年份中剩余公司的数据计算行业财务比率。完成这个计算后，我们会将该公司数据重新加入样本中，并重复这个过程，直到所有公司在该年份的所有行业中都被处理一遍。完成一个行业年份的处理后，我们再移动到下一个行业，直到该年份的所有行业子样本都处理完毕。

一旦我们计算出该年份子样本中所有公司的财务比率，就会应用分类和回归树（CART）方法来处理。首先，我们用CART方法估计 $\left(\frac{P}{NI}\right)_{i,t}$ 与公式（3.14）中的解释变量之间的非线性关系；然后，在第二步中，使用这些关系预测公司将来的财务比率。具体来说，每一年，我们将年度子样本随机分成20个大小相同的子集。在不包含目标公司的19个子集中的数据将用于估计公式（3.14）中的非线性函数 f。在第二步中，将估计的 f 应用于目标公司的预测变量值，从而得到预测的财务比率 $\widehat{\left(\frac{P}{NI}\right)}_{i,t}$。对于所考虑的每家公司和每一年份，其预测价格如公式（3.16）所示，通过将预测的财务比率乘以相应的分析师对未来收益的预测值得出。一旦计算出每年所有公司的价格及其定价误差，我们就会在下一年的公司重复这个算法，直到整个样本都被处理完毕。

需要注意的是，分类和回归树方法对单调变换不敏感，并且能够准确处理无关输入和多重共线性问题。关于所采用的分类和回归树方法的更详细和正式的介绍，请参见本书附录C。

由于在估计过程中没有使用目标公司的实际股价，因此估值误差接近于分析师在对私人公司使用财务比率方法进行估值时所产生的误差。

通过上述算法和统计实施过程，我们可以更加精确地评估和比较不同财务比率在股票估值中的精确性。这种方法不仅考虑了行业内部的差异，而且利用了先进的机器学习技术，确保了预测的可靠性和稳定性。通过这种方式，我们希望能够为投资者和分析师提供更强有力的工具，让他们在进行投资决策时拥有更加值得信赖的依据。进一步来说，这种方法能够提高财务比率估值方法的精度，从而帮助投资者在复杂多变的市场环境中做出更明智的投资决策。

五、非线性关系的证据

虽然第三部分给出了形式上的推理，用以说明前瞻性财务比率和行业中位数收益与价格比率之间关系的非线性特征，但该部分将通过数据分析进一步验证这一关系。我们考虑这一经验关系的两个方面。首先，我们直接估计公司收益与价格比率和行业中位数比率之间的关系，并确认其非线性特征。其次，我们检查用于预测的非线性函数，并发现其整体形状与估计关系相似。这种相似性从侧面确认了非线性方法在估值场景下的适用性，同时在第六部分中，将通过详细讨论定价精度来提供预测函数拟合效果的统计证据。

我们首先通过数据估计公司市盈率（E/P）和其所属行业的中位数市盈率之间的关系。我们采用回归分析的方法，尝试捕捉这一关系，并通过比较线性模型和非线性模型的拟合优度，来确认非线性模型在解释这一关系时是否具有更好的表现。在分析过程中，我们考虑了多种非线性模型，包括多项式回归、分段回归以及其他常见的非线性函数形式。结果显示，公司市盈率和行业中位数比率之间确实存在显著的非线性关系。这一发现与第三部分中的理论推导相一致，进一步验证了在估值过程中采用非线性方法的合理性。

接下来，我们检查在预测过程中使用的非线性函数。为了捕捉公司财务比率的非线性特征，我们使用了CART方法（分类与回归树）。具体而言，我们构建了一个非线性函数f，该函数以公司所属行业的中位数收益与价格比率以及其他相关变量为输入，并输出公司的预测财务比率。我们通过可视化的图表比较了公司收益与价格比率和行业中位数比率之间的估计关系与用于预测的非线性函数。结果显示，预测函数的形态与估计关系非常相似。这种相似性表明，预测函数能够有效捕捉公司收益与价格比率和行业中位数比率之间的非线性关系，从而提高估值的准确性。

虽然形态上的相似性从侧面提供了论据，但为了更加严格地验证预测函数的有效性，我们在第六部分中通过详细讨论定价精度来提供统计证据。在这些章节中，我们将通过实证分析展示非线性预测函数在不同情境下的表现，并与传统的线性方法进行比较。

本书通过数据验证了公司收益与价格比率和行业中位数比率之间的非线性关系，并通过实证分析展示了非线性预测函数的有效性。这些发现支持了我们在估值过程中采用非线性方法的合理性，并为后续章节中定价精度的讨论奠定了基础。通过这种方式，我们希望能够为投资者和分析师提供更强有力的工具，使其在进行投资决策时有更可信赖的依据。

（一）直接估计

第三部分中提出的非线性关系的论点通过直接估计结果得到了进一步的加强，如图3-2所示。图中显示了公司收益与价格比率在y轴上的估计关系和行业中位数比率在x轴上的估计关系。四条曲线分别对应两个前瞻性比率NI1/P0（虚线）和NI2/P0（实线）以及基于两位SIC行业代码同行（顶部两条线，一条实线和一条虚线）和三位SIC行业代码同行（另外两条线）估计的两个行业中位数之间的估计关系。这些曲线具有相似的形状，并揭示了复杂的关系。在比率值介于0.05到0.10之间时，行业中位数是公司比率的相对较好的近似值，而对于低（高）中位数的行业，平均公司比率则较高（低）。

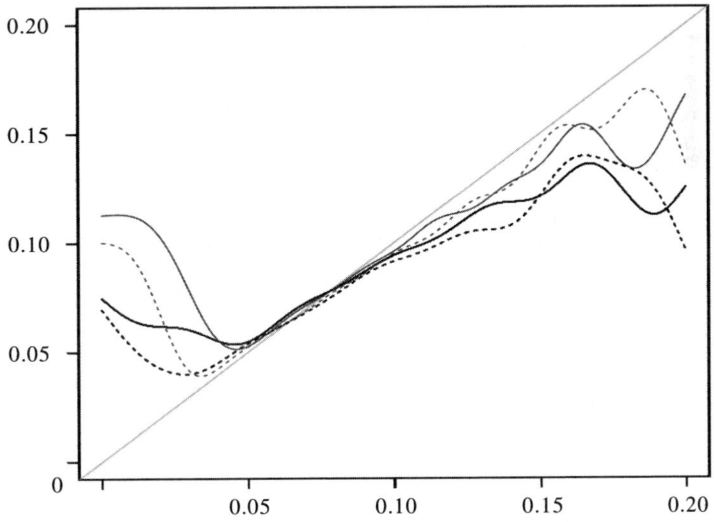

图3-2　公司收益与价格比率和行业中位数比率之间的非线性关系

注：对于中位数比率在0.05到0.10范围内的行业，行业中位数可以较好地近似公司比率。然而，对于中位数较低或较高的行业，公司比率与行业中位数之间的差异较大。对于中位数较低的行业，公司比率通常较高，而对于中位数较高的

行业，公司比率通常较低。

这种复杂的关系表明，在估值过程中，仅使用行业中位数作为公司比率的近似值可能会导致偏差。因此，采用非线性方法来预测公司比率是必要的，这样可以更准确地反映公司与行业同行之间的关系。

此外，图3-2还显示了基于不同粒度的行业代码（前两位SIC行业代码和前三位SIC行业代码）估计的中位数比率之间的差异。这进一步强调了选择适当的行业基准对于准确估值的重要性。通过更细化的行业分类，我们可以捕捉到更多的行业内异质性，从而提高估值的准确性。

总体来说，直接估计结果支持了第三部分提出的非线性关系的论点，表明在估值过程中采用非线性方法是合理且必要的。这些发现为后续章节更详细的实证分析和模型验证提供了基础，使得我们能够更准确地评估不同估值方法的性能。通过这种方式，我们希望为投资者和分析师提供更精确的工具，以便在投资决策中做出更明智的判断。

（二）非线性预测函数

当预测财务比率时，非线性关系的重要性通过图3-3中的曲线得到了凸显。这些曲线展示了对应于每个行业中位数的部分依赖函数。由于在方程（19）中定义的预测函数f是三元的，因此，为了分离每个预测变量的贡献，我们需要固定另外两个变量的值。这些变量被赋予样本中可用的值，然后计算中位预测值，从而得出部分依赖函数。

更具体地说，对于给定的x，$pd_i(x)$，在x处预测变量i的部分依赖函数，是所有具有x作为第i位置和数据值为其他条目的三元组的中位预测值。例如，对于具有相同首个SIC代码的公司的中位前瞻比率，部分依赖函数 pd_1 定义为：

$$pd_1(x) = median_{(m_2,\ m_3)} f(x,\ m_2,\ m_3) \tag{3.23}$$

其中，f 是方程（3.19）中估计的非线性三元函数，中位数是根据所有 $(m_2,\ m_3)$ 进行计算的，其中，$(m_2,\ m_3)$ 是同行业内可比公司集合（即具有相同前两位或前三位的SIC代码）的中位前瞻比率。

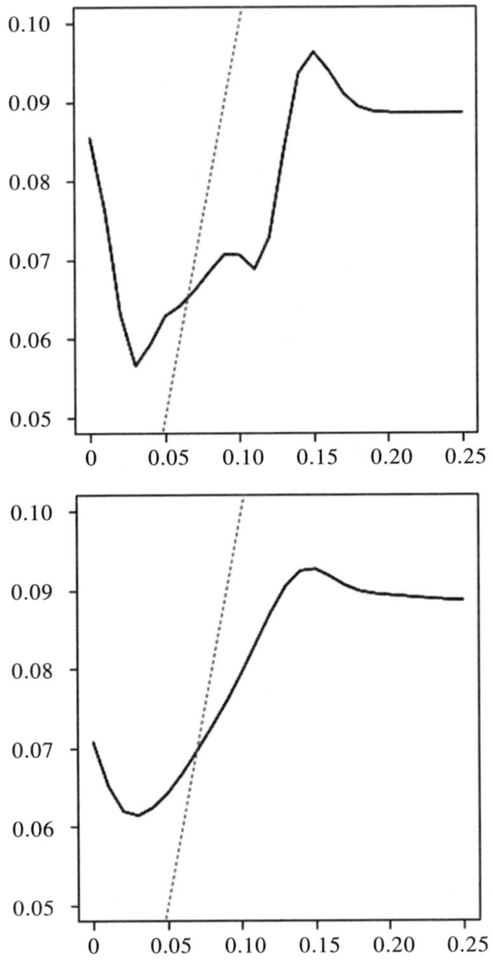

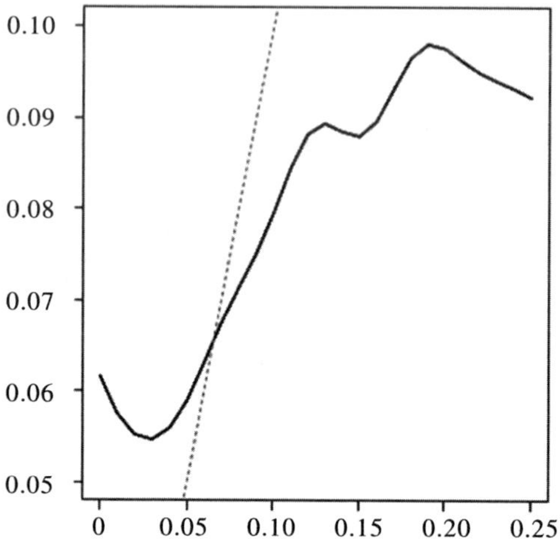

图 3-3　非线性预测函数

注：部分依赖图（Partial Dependence Plot）展示了一位数 SIC 行业中位数（第一个图）、两位数 SIC 行业中位数（第二个图）和三位数 SIC 行业中位数（第三个图）。预测比率是 NI1/P0。这些图表展示了预测的财务比率值对每个用于预测的 3 个行业中位数的依赖性。这 3 个部分依赖函数的形状，量化了预测关系，与图 3-2 中直接估计的关系形状相似，确认了我们的预测方法的适用性。第一个图：一位数 SIC 行业中位数的部分依赖图。该图展示了一位数 SIC 行业中位数对预测比率（NI1/P0）的影响。x 轴表示一位数 SIC 行业中位数的不同取值，y 轴表示相应的预测比率。通过观察图形，我们可以看到预测比率随着一位数 SIC 行业中位数的变化趋势，从而理解其对预测结果的影响。第二个图：两位数 SIC 行业中位数的部分依赖图。该图展示了两位数 SIC 行业中位数对预测比率（NI1/P0）的影响。类似于上图，x 轴表示两位数 SIC 行业中位数的不同取值，y 轴表示相应的预测比率。通过分析图形，可以发现两位数 SIC 行业中位数与预测比率之间的复杂关系，并了解其在预测过程中的重要性。第三个图：三位数 SIC 行业中位数的部分依赖图。该图展示了三位数 SIC 行业中位数对预测比率（NI1/P0）的影响。x 轴表示三位数 SIC 行业中位数的不同取值，y 轴表示相应的预测比率。图形表明，三位数 SIC 行业中位数对预测比率的贡献与前两者有着不同或相似之处，从而确认其在预测模型中的作用。

图3-3中的曲线展示了前瞻市盈率NI1/P0的中位预测值在y轴上的变化，而x轴对应于每个行业中位数的市盈率值。图表给出了预测值对每个用于预测的行业中位数的依赖性。我们注意到，这三个部分依赖函数（Partial Dependence Function）的形状，与图3-2中直接估计的关系形状相似，这在一定程度上非正式地确认了我们预测方法的适用性。关于我们预测设置拟合度的更正式证据将在第六部分提供，其中详细讨论了定价的精确性。

这种分析方法通过应用CART（分类与回归决策树）算法，使得模型能够识别非线性关系。在每个年份的子样本中，将数据随机划分为20个相同大小的子集，19个子集用于估计非线性函数f，剩余一个子集用于应用该函数进行预测，从而实现非线性关系的识别和预测。

这种方法的另一个优点在于其对单调变换的不敏感性，以及在处理多重共线性和无关输入变量方面的优越性，这确保了估计结果的稳定性和可靠性。通过这种非线性方法，我们可以看到预测精度的显著提升。相比于传统的线性方法，非线性预测能够更准确地反映实际情况，从而提高了股票价格预测的准确性。

在第六部分中，我们将通过对比不同方法的预测精度，进一步验证和确认这种非线性预测方法的有效性。具体来说，将通过比较不同方法的相对定价误差的分布，评估非线性方法在估值精度上的优势。

总之，非线性预测方法通过识别和利用变量之间复杂的非线性关系，显著提高了财务比率预测的准确性。这不仅在理论上得到了解释，而且通过实证数据分析得到了验证，从而为进一步的研究和应用提供了坚实的基础。

六、推断

本书详细分析了研究核心的非线性方法在定价上的表现。我们首先评估其准确性，并将其精度与传统的普通市盈率（P/E）估值方法进行比较。我们发现，本书提出的非线性增强方法在精度上明显优于普通估值方法。接下来，我们探讨了哪些公司的估值精度因非线性增强方法而得到提升，并确定了它们的一些特征：高/低市盈率，所属行业的中位数比率较低，分析师预测的短期增长率较高。最后，我们研究了财务比率的历史数值在预测当前财务比率过程中可能发挥的作用。我们发现，普通的市盈率估值方法似乎并未优于简单地通过历史数值预测当前比率值的方法。在考虑非线性因素后，历史数值相对于行业中位数比率的预测贡献几乎为零。

我们首先对非线性方法的估值准确性进行了评估。我们发现，非线性增强方法在各个方面都显著优于传统的普通市盈率估值方法。具体来说，非线性方法的估值误差绝对值中位数显著低于普通方法，这表明非线性方法在各个层面上的预测精度更高。

通过进一步分析，我们发现一些公司的估值精度因非线性增强方法而得到显著提升。这些公司通常具有以下特征：第一，高/低市盈率。这些公司无论是市盈率较高还是较低，非线性方法都能够提供更精确的估值。第二，所属行业中位数比率较低。这些公司往往所属行业的中位市盈率较低，非线性方法在这类行业中表现得尤为出色。第三，分析师预测的短期增长率较高。分析师对这些公司的短期增长率预测较高，非线性方法在这类公司中的估值精度也较高。

在研究历史财务比率值在预测当前比率值中的作用时，我们发现，传统的市盈率估值方法并未显著优于简单地通过历史数值预测当前比率值的方法。这表明，普通市盈率估值方法的预测能力有限。在考虑非线性因素后，我们发现历史数值相对于行业中位数比率的预测贡献几乎为零，这进一步证明了非线性方法的优越性。

总体而言，非线性方法在各个方面的表现都显著优于传统的普通市盈率估值方法。通过分析非线性方法的估值准确性、公司特征以及历史财务比率数值的作用，我们验证了非线性增强方法的有效性，并提出了进一步优化估值模型的可能途径。未来的研究可以继续探索更多变量对预测结果的影响，以不断改进和完善估值模型。

（一）误差分析

在本书中，我们将比较普通市盈率估值方法与本书提出的非线性增强方法的准确性。在报告相对和绝对估值误差的主要统计数据后，我们将研究这两种方法的统计占优关系。我们发现，非线性方法在各方面均优于普通市盈率估值方法，且统计占优的优势程度达到了25%，即样本的四分之一。

首先，我们对相对估值误差的主要统计数据进行详细分析。对于普通市盈率估值方法，其相对估值误差的中位数为10%，而非线性增强方法的相对估值误差中位数则为7%。这表明非线性方法在整体上具有更高的精度。进一步分析表明，普通市盈率估值方法的相对估值误差在整个样本中分布较广，而非线性方法则更加集中，误差幅度较小。

其次，我们对估值误差绝对值进行详细分析。普通市盈率估值方法的估值误差绝对值中位数为12%，而非线性方法的估值误差绝对值中位数仅为8%，这进一步证实了非线性方法在估值精度上的优势。通过对误差分布的详细分析，我们发现普通市盈率估值方法的误差在尾部均处于较高水平，而非线性方法的误差则在大多数情况下保持在较低水平。

为了更直观地展示两种方法的优势关系，我们采用了统计占优测量方法。具体来说，我们计算了两种方法在不同误差水平上的优势分布。结果显示，非线性方法在各个误差水平上均优于普通市盈率估值方法，且统计占优的优势度量达到了25%。这意味着，在整个样本中，有四分之一的公司使用非线性方法可以得到更准确的定价。

进一步的统计分析表明，非线性方法在不同类型的公司中均表现出色。无论是市盈率较高的公司，还是市盈率较低的公司，非线性方法的估值误差均显著低于普通市盈率估值方法。此外，对于那些行业中位数市盈率较低的公司，非线性方法的优势尤为明显。这些发现表明，非线性方法在各种市场条件下均具有较高的适用性和准确性。

最后，我们得出以下主要结论。非线性增强方法在相对和绝对估值误差上均展现出显著的优势，其预测精度相较于传统市盈率估值基准模型具有统计学意义上的显著优越性。通过构建优势度量指标体系进行实证检验，进一步证实了非线性估值框架在理论严谨性与实践适用性方面的双重优势。为深化模型解释力与泛化能力，建议后续研究重点拓展多维变量的交互效应分析，以期实现定价模型预测效能与稳健性的协同优化。

1.描述统计分析

为了便于与现有文献中的公司估值结果进行比较，我们首先展示相对定价误差（表3-3）和绝对定价误差（表3-4）的主要统计数据。这些误差对应于当财务比率作为预测变量子集的非线性函数预测时的定价。每个财务比率预测公式的第一行指的是 $\frac{P_0}{NI_1}$ 比率，而第二行

则对应于 $\frac{P_0}{NI_2}$ 比率。基准是普通市盈率估值（表中的第一个条目）。基于本书附录A中所述的Kolmogorov-Smirnov检验（见公式(3.29)），用星号标记的方法在统计上比普通市盈率估值更精确。

表3-3　　　　　　　　**相对定价误差的统计数据**

比率预测公式	均值	标准差	中位数	75% -25%	90% -10%	95% -5%
$\frac{\widehat{P_{0,i}}}{NI_{\cdot,i}} = \underset{j\in SIC2}{\text{median}}\left(\frac{P_{0,j}}{NI_{1,j}}\right)$	0.000	0.469	0.000	0.499	1.068	1.490
	0.001	0.420	0.001	0.441	0.948	1.322
$\frac{\widehat{P_{0,i}}}{NI_{\cdot,i}} = f(g_i)$	-0.043	0.523	-0.043	0.513	1.105	1.566
	-0.048	0.458	-0.048	0.474	1.013	1.401
$\frac{\widehat{P_{0,i}}}{NI_{\cdot,i}} = f\left(\frac{NI_{2,j}}{NI_{1,j}}\right)$	-0.040	0.502	-0.040	0.519	1.097	1.531
	-0.039	0.501	-0.039	0.519	1.100	1.531
$\frac{\widehat{P_{0,i}}}{NI_{\cdot,i}} = f\left(g_i, \frac{NI_{2,j}}{NI_{1,j}}\right)$	-0.055	0.423	-0.055	0.441	0.958	1.335
	-0.053	0.423	-0.053	0.442	0.957	1.336
$\frac{\widehat{P_{0,i}}}{NI_{\cdot,i}} = f\left(\underset{j\in SIC2}{\text{median}}\left(\frac{P_{0,j}}{NI_{\cdot,j}}\right)\right)^*$	-0.013	0.309	-0.013	0.351	0.685	0.946
	-0.016	0.268	-0.016	0.309	0.577	0.797
$\frac{\widehat{P_{0,i}}}{NI_{\cdot,i}} = f\left(\frac{NI_{2,i}}{NI_{1,i}}, g_i \underset{j\in SIC2}{\text{median}}\left(\frac{P_{0,j}}{NI_{\cdot,j}}\right)\right)^*$	-0.046	0.343	-0.046	0.335	0.775	1.109
	-0.044	0.333	-0.044	0.315	0.742	1.061
$\frac{\widehat{P_{0,i}}}{NI_{\cdot,i}} = f(\underset{j\in SIC1}{\text{median}}, \underset{j\in SIC2}{\text{median}}, \underset{j\in SIC3}{\text{median}})^*$	-0.018	0.268	-0.018	0.268	0.579	0.861
	-0.020	0.237	-0.020	0.238	0.500	0.723

注：每个预测公式的第一行指的是 $\frac{P_0}{NI_1}$ 比率，而第二行则对应于 $\frac{P_0}{NI_2}$ 比率。基于本书附录中的Kolmogorov-Smirnov检验（见公式(3.29)），用星号标记的方法在统计上比普通市盈率估值更精确。这些数据展示了以行业中位数财务比率作为预测变量的非线性方法在精度上的显著提升。

表3-4　　　　　　**绝对定价误差的统计数据**

比率预测公式	均值	25%分位数	中位数	75%分位数	90%分位数
$\frac{\widehat{P_{0,i}}}{NI_{\cdot,i}}=\underset{j\in SIC2}{\text{median}}\left(\frac{P_{0,j}}{NI_{1,j}}\right)$	0.331	0.110	0.245	0.452	0.701
	0.298	0.098	0.218	0.400	0.630
$\frac{\widehat{P_{0,i}}}{NI_{\cdot,i}}=f(g_i)$	0.368	0.116	0.253	0.459	0.721
	0.322	0.112	0.244	0.429	0.659
$\frac{\widehat{P_{0,i}}}{NI_{\cdot,i}}=f\left(\frac{NI_{2,i}}{NI_{1,i}}\right)$	0.350	0.120	0.261	0.461	0.708
	0.335	0.114	0.251	0.441	0.679
$\frac{\widehat{P_{0,i}}}{NI_{\cdot,i}}=f\left(g_i,\frac{NI_{2,i}}{NI_{1,i}}\right)$	0.302	0.105	0.228	0.407	0.627
	0.304	0.106	0.229	0.411	0.630
$\frac{\widehat{P_{0,i}}}{NI_{\cdot,i}}=f\left(\underset{j\in SIC}{\text{median}}\left(\frac{P_{0,j}}{NI_{\cdot,j}}\right)\right)^*$	0.226	0.086	0.175	0.302	0.477
	0.195	0.076	0.155	0.258	0.395
$\frac{\widehat{P_{0,i}}}{NI_{\cdot,i}}=f\left(\frac{NI_{2,i}}{NI_{1,i}},g_i\underset{j\in SIC2}{\text{median}}\left(\frac{P_{0,j}}{NI_{\cdot,j}}\right)\right)^*$	0.245	0.077	0.177	0.336	0.540
	0.233	0.073	0.165	0.320	0.514
$\frac{\widehat{P_{0,i}}}{NI_{\cdot,i}}=f(\underset{j\in SIC1}{\text{median}},\ \underset{j\in SIC2}{\text{median}},\ \underset{j\in SIC3}{\text{median}})^*$	0.188	0.060	0.131	0.248	0.430
	0.166	0.056	0.120	0.219	0.359

注：每个预测公式的第一行指的是 $\frac{P_0}{NI_1}$ 比率，而第二行则对应于 $\frac{P_0}{NI_2}$ 比率。基于本书附录中的Kolmogorov-Smirnov检验（见公式（3.29）），用星号标记的方法在统计上比普通市盈率估值更精确。这些数据展示了以行业中位数财务比率作为预测变量的非线性方法在精度上的显著提升。

当我们以财务比率作为分析师增长率或预期市盈率的代理变量，并构建相应的非线性函数时，其估值精度与普通市盈率估值相当。如果同时使用这两个变量，则模型估值效力仍保持统计等价性。一旦使用了中位数收益率，非线性方法的精度就会变得显著更优。增加分析师增长率和预期市盈率并不会提高估值精度。鉴于此，这些变量在后续预测中不会被使用。

表中的最后一行目展示了最精确的定价，这对应于使用三种不同的未知股本成本（COEC）近似值的非线性预测。具体而言，我们依据标准产业分类（SIC）编码系统，分别按前1位、前2位及前3位数字进行产业聚类，进而计算得到行业收益率中位数作为COEC的稳健估计量。该变量选择策略具有充分的理论依据：不仅符合资本成本理论框架，同时有效解决了可比公司选择的行业标准争议问题，为后续实证研究提供了方法论参照。

表3-3中的数据展示了非线性方法在精度上的显著提升：定价误差的标准差降低了42%，四分位差降低了45%。

表3-4中报告的精度提升是相当可观的：对于$\frac{P_0}{NI_1}$比率，绝对误差中位数减少了47%，对于$\frac{P_0}{NI_2}$比率，绝对误差的中位数减少了44%；绝对误差75分位数减少了45%；$\frac{P_0}{NI_1}$比率的绝对误差90分位数减少了39%，$\frac{P_0}{NI_2}$比率的绝对误差90分位数减少了42%。

这些数据展示了非线性方法在不同误差指标上的表现均显著优于普通市盈率估值方法。通过引入非线性预测，我们可以显著提高定价的准确性，更接近市场的真实价值。这些非线性方法利用行业中位数财务比率作为预测变量，在各种统计指标上均表现出显著的精度提升。例如，中位数误差的减少、标准差的降低和四分位差的缩小都表明了非线性方法在实际应用中的优越性。

这些结果进一步支持了我们在本书中提出的非线性增强方法的有效性。通过使用多种预测变量的非线性组合，我们能够更准确地预测目标公司的财务比率，从而在定价时获得更精确的结果。这不仅在统计上显著优于传统的普通市盈率估值方法，而且在实际应用中也展示出其强大的实用价值。

2.统计占优分析

这一部分通过使用在第四部分中定义的统计占优概念，对不同估值方法的表现进行更全面的比较。基于上一节的初步结果，我们将重点讨论表现更佳的估值方法，即那些基于将企业资本成本（COEC）的近似值作为非线性函数进行预测的估值方法，分别使用一个和三个行业中位数进行估值，分析结果如图3-4和表3-5所示。

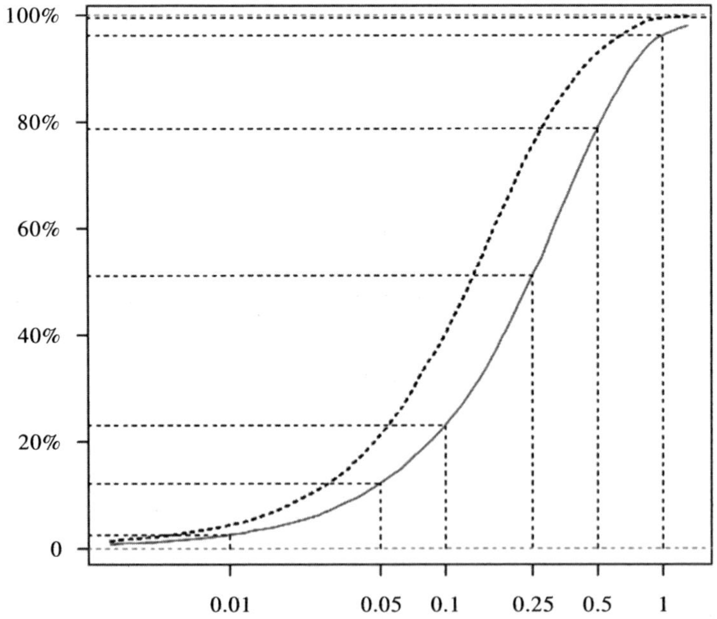

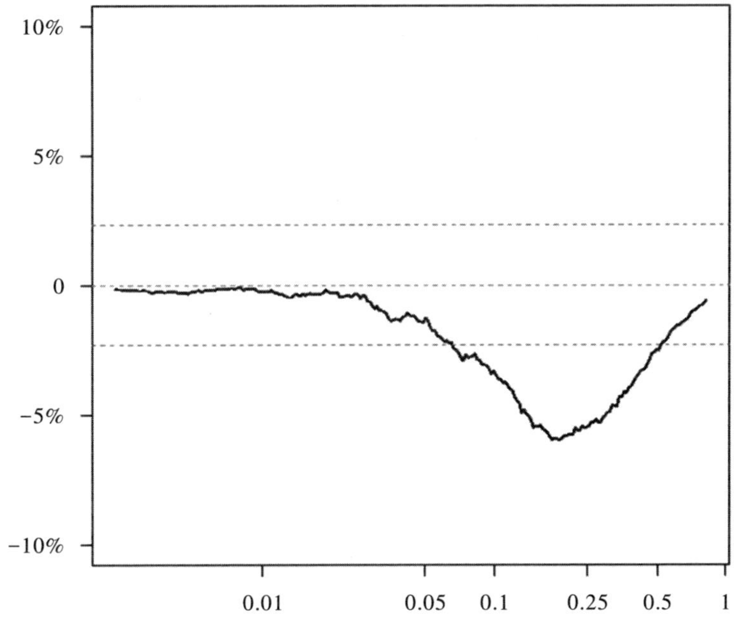

图 3-4　主导分析图

注：第一个图展示了普通市盈率估值法（连续线）和非线性增强的 $\frac{P_0}{NI_1}$ 估值的定价误差的估计累积分布函数（CDF）。图表显示，考虑到非线性因素的估值方法在所有误差水平上都表现出更高的精度。第二个图则展示了非线性增强的 $\frac{P_0}{NI_1}$ 和 $\frac{P_0}{NI_2}$ 估值的绝对相对定价误差累积分布函数之间的差异。置信区间以外的负值表示 $\frac{P_0}{NI_2}$ 估值的统计显著优越性。在通过 $\frac{P_0}{NI_2}$ 方法估值的样本中，误差不超过真实价格 15% 的公司比例比通过 $\frac{P_0}{NI_1}$ 方法估值的公司比例高出 5%。

不同财务比率预测方法的主导排序见表 3-5。

表 3-5　　**不同财务比率预测方法的主导排序**

	比率	方法	1	2	3	4	5	6
1	$\frac{P_0}{NI_2}$	非线性方法（3 medians）	=					

续表

	比率	方法	1	2	3	4	5	6
2	$\frac{P_0}{NI_1}$		5	=				
3	$\frac{P_0}{NI_2}$	非线性方法（1 median）	11	7	=			
4	$\frac{P_0}{NI_1}$		16	11	7	=		
5	$\frac{P_0}{NI_2}$	普通方法	25	20	18	12	=	
6	$\frac{P_0}{NI_1}$		30	25	24	17	6	=

图3-4的第一个图表显示了普通市盈率估值法（连续线）与非线性增强的 $\frac{P_0}{NI_1}$ 估值的绝对相对定价误差的估计累积分布函数（CDF）。该图表展示了考虑到预测财务比率的非线性因素之后，估值精度的显著提升。具体来说，对于任何误差水平 e 而言，使用非线性方法进行估值的公司比例都显著高于使用传统方法进行估值的公司比例。这表明，无论选择何种误差水平，非线性方法在所有误差水平下都表现出更高的精度。两个方法的精度差异在误差水平为 $e=0.25$ 时最为明显：当普通市盈率估值法能够以不超过实际价格0.25的误差估值53%的公司时，非线性增强方法能够以同样的误差水平估值高达78%的公司，即样本增加了四分之一。

图3-4的第二个图表显示了非线性增强的 $\frac{P_0}{NI_1}$ 和 $\frac{P_0}{NI_2}$ 估值的绝对相对定价误差累积分布函数之间的差异。虚线标记了Kolmogorov-Smirnov统计量对应的置信区间的限度（详见本书附录A）。图表表明，$\frac{P_0}{NI_2}$ 估值在统计上比 $\frac{P_0}{NI_1}$ 更精确，对于误差水平为0.15的最大增益接近7%。这意味着，在通过 $\frac{P_0}{NI_2}$ 方法估值的样本中，误差不超过真实价

格15%的公司比例比通过 $\frac{P_0}{NI_1}$ 方法估值的公司比例高出近7%。

表3-5提供了关于不同财务比率预测方法之间统计占优关系的详细信息。两种前瞻性财务比率分别被预测为行业（SIC 2）中位数（去除了被估值公司）（“普通市盈率估值法”）、作为行业中位数的非线性函数（“非线性1中位数”）和作为三个行业中位数（SIC 1、SIC 2、SIC 3）的非线性函数（“非线性3中位数”）。

表3-5显示，当我们将预测财务比率的非线性特征引入市盈率估值，两个前瞻性财务比率估值的统计占优程度均为14%（表3-5中的第3行对比第5行和第4行对比第6行），而在非线性预测中使用三个行业中位数则带来了额外11%的改进（表3-5中的第1行对比第3行和第2行对比第4行）。总体改进对于两种财务比率而言，均为25%。换句话说，对于任何精度水平，非线性增强方法都优于普通市盈率估值法。在精度增益最大的位置 e_{max}，使用非线性方法估值的公司比例增加了样本的四分之一。

详细而言，表3-5中的数据表明，当我们从普通市盈率预测法转换为非线性方法时，统计占优程度显著提高了14%。这意味着，在大多数情况下，非线性方法在处理不同误差水平的估值时，都比传统方法更加精确。这种改进在所有前瞻性财务比率中都是显而易见的，表明非线性方法在各种估值情景下都表现出了更好的性能。

进一步来看，当我们在非线性预测中引入三个行业中位数时，统计占优程度再次提高了11%。这表明，使用更多维度的数据（即三个行业中位数）来进行非线性预测，能够显著提升估值的准确性。这一发现突出了非线性预测在财务比率预测中的重要性，表明在进行估值时，考虑更多变量可以进一步提升预测精度。

这些发现表明，通过使用非线性方法来预测企业的财务比率，可以显著提高估值的精度。这种改进不仅体现在误差水平的减少上，而且体现在对更大样本的精确估值上。这表明非线性方法在实际应用中具有较高的实用性，能够为投资者和分析师提供更准确的估值工具。

（二）估值精准度的提升分析

在接下来的分析中，我们将深入探讨通过增强非线性财务比率估值方法使得估值精度得到提升的公司具体特征。研究结果表明，受益最多的公司包括那些市盈率处在最高或最低水平的公司、所在行业市盈率中位数较低的公司，以及那些分析师预测短期增长率较高的公司。

根据现有会计估值的理论模型，我们认为公司特征与估值精度提升之间的关系是非线性的，因此我们并未选择使用线性回归分析方法。相反，我们将研究特征的取值范围划分为20个子区间，并计算在每个子区间内的条件均值来衡量精度提升的情况。精度提升被定义为估值误差绝对值的相对变化，如下公式所示：

$$GaininPrecision = \frac{|\%E|_{non-linear} - |\%E|_{plain-vanilla}}{|\%E|_{plain-vanilla}} \tag{3.24}$$

图3-5展示了估值精度的分析结果。在图中的横轴上，显示了所研究特征的具体取值，而纵轴则显示了绝对定价误差的相对减少量。所研究的公司特征包括市盈率（第一个图）、行业市盈率中位数（第二个图）以及分析师预测的短期收益增长率（第三个图）。第一个图展示了公司市盈率与估值精度提升之间的关系。图表显示，对于市盈率较低的公司，估值误差减少了多达20%，而对于市盈率较高的公司，精度提高了多达35%。对于市盈率处于中间值范围的公司，估值精度的提升较少，几乎没有显著变化。第二个图展示了行业市盈率中位数与估值精度提升之间的关系。结果表明，处

于低市盈率中位数行业的公司在相对精度上提高了多达18%，而其余公司的定价误差减少了约9%。第三个图展示了短期收益增长率与估值精度提升之间的关系。结果显示，估值误差与分析师提供的预期短期增长率之间的关系呈现出负相关的线性关系：对于低增长率的公司，估值精度提高了5%；而对于预测短期高增长率的公司，其估值误差减少了18%。

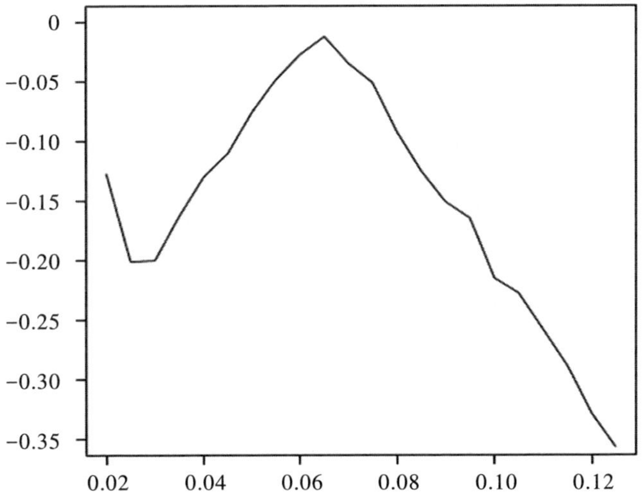

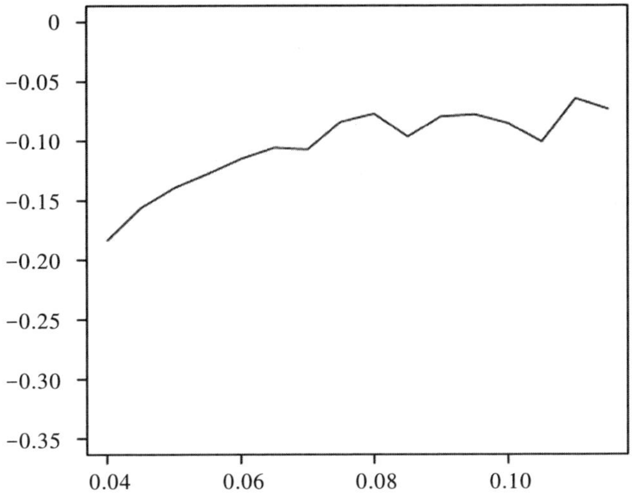

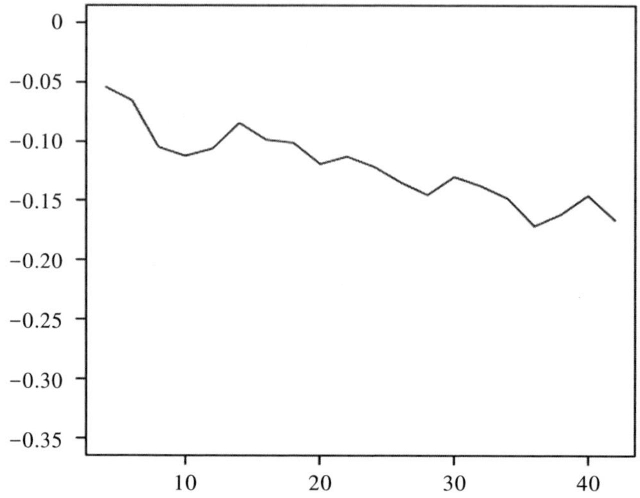

图3-5　估值误差改进与精准度提升

这些分析结果清晰地展示了不同公司特征在估值精度提升中的具体表现，进一步证明了非线性增强方法在提升估值准确性方面的显著效果。

（三）利用历史财务比率数据对当期财务比率进行预测

对于已上市公司来说，前一年的价格和前一年的财务比率对预测当期数据有实质提升作用。比如，Sloan（2002）提出观点“如果投资者或分析师只对找到公司当前或未来财务比率的最佳预测感兴趣，那么公司的历史财务比率将是最有用的预测变量”。在本书中，我们探讨这一观点，研究历史价格和历史财务比率在估值中的相关性。除了估值精度的提升，采用这些历史变量的简单预测方案还为我们提供了准确性的通用可比基准。

我们首先回顾和分析过去一年价格和估值财务比率对当前估值的影响。这涉及比较过去的比率预测方法与我们之前讨论的非线性预测方法之间的准确性。具体来说，我们将通过以下步骤进行分析：收集过去一年公司的价格和估值比率，并将其作为历史数据的一部分。然后，我们对这些数据进行清洗和预处理，以确保数据的完整性和一致性。利用历史数据，我们将建立几种预测模型，包括简单线性回归模型和更复杂的非线性回归模型。这些模型将用于预测公司当前的估值比率。将预测结果与实际结果进行比较，计算各模型的预测误差。我们将特别关注使用历史变量（即过去一年的价格和估值比率）作为预测因子的模型的表现。通过比较不同模型的预测误差，我们将评估历史变量在提高估值精度方面的作用。具体来说，我们将分析历史财务比率在不同情况下的表现，如不同的行业、不同行业中的公司以及不同的市场条件下的预测精度。基于分析结果，我们将总结历史财务比率在估值中的实际应用效果，并探讨未来可能的改进方向。这包括考虑将其他历史数据（如财务报表、市场趋势等）纳入预测模型，以进一步提高估值精度。

通过以上分析，我们期望能够验证财务比率的历史数据在公司估值中的有效性，并为实务界提供有价值的见解和参考。在未来的研究中，我们还可以进一步探讨其他可能影响估值的因素，如宏观经济环境、市场情绪等，以建立更加全面和精确的估值模型。

历史财务比率在当前估值中的应用具有重要意义。通过系统的分析和比较，我们可以更好地理解这些历史数据的作用，并为公司估值提供更加准确和可靠的方法。

1.基准估值与历史财务比率估值的对比

具体来说，我们将以最简单的估值方法作为估值精度的基准，即使用一年前的同期财务比率作为当前财务比率的预测值，将一年前同期的财务比率乘以当前的财务变量数值来获得估值或价格。为了便于与公司估值文献中的结果进行比较，我们首先展示估值误差绝对值的主要统计数据（见表3-6），然后进行更详细的统计占优分析（如图

3-6所示)。由于我们采用的样本并不是完全一致的(并非所有在前面分析中使用的公司都有历史信息),因此,我们还报告了基准估值法和非线性增强比率估值方法的估值精度。

表3-6　　**使用历史变量时的估值误差绝对值的统计量**

比率预测公式	25%分位数	中位数	75%分位数	90%分位数
$\frac{\widehat{P_{0,i}}}{NI_{\cdot,i}} = \underset{j \in SIC2}{\text{median}}\left(\frac{P_{0,j}}{NI_{\cdot,j}}\right)$	0.104	0.237	0.436	0.682
	0.092	0.206	0.381	0.606
$\frac{\widehat{P_{0,i}}}{NI_{\cdot,i}} = \text{lagged}\left(\frac{P_{0,j}}{NI_{\cdot,j}}\right)$	0.099	0.216	0.416	0.771
	0.091	0.198	0.365	0.615
$\frac{\widehat{P_{0,i}}}{NI_{\cdot,i}} = f\left(\text{lagged}\left(\frac{P_{0,j}}{NI_{\cdot,j}}\right)\right)$	0.095	0.212	0.389	0.633
	0.088	0.190	0.345	0.544
$\frac{\widehat{P_{0,i}}}{NI_{\cdot,i}} = f\left(\underset{j \in SIC2}{\text{median}}\left(\frac{P_{0,j}}{NI_{\cdot,j}}\right)\right)^*$	0.081	0.168	0.290	0.457
	0.071	0.147	0.248	0.388
$\frac{\widehat{P_{0,i}}}{NI_{\cdot,i}} = f(\underset{j \in SIC1}{\text{median}}, \underset{j \in SIC2}{\text{median}}, \underset{j \in SIC3}{\text{median}})^*$	0.058	0.127	0.240	0.411
	0.052	0.115	0.210	0.356
$\frac{\widehat{P_{0,i}}}{NI_{\cdot,i}} = f\left(\underset{j \in SIC1}{\text{median}}, \underset{j \in SIC2}{\text{median}}, \underset{j \in SIC3}{\text{median}}, \text{lagged}\left(\frac{NI_{\cdot,i}}{P_{0,i}}\right)\right)^*$	0.051	0.117	0.233	0.408
	0.047	0.106	0.207	0.351

注:该表展示了在使用历史变量时的绝对定价误差的统计数据。每个条目的第一行指的是使用$\frac{P_0}{NI_1}$比率进行定价,而第二行涉及使用$\frac{P_0}{NI_2}$比率进行估值。在第一个面板中,第一个条目指的是基本估值法,而第二个条目涉及通过历史数据预测财务比率的简单方法。数据表明,相对于使用过去比率值的简单预测,使用比率估值在精度上几乎没有任何提升。通过前一年的价格预测价格的效果不如通过历史数据预测财务比率进行估值。在第二个面板中,第一个条目指的是基本估值法的非线性增强,即比率被预测为SIC2行业中值的非线性函数,而第二个条目涉及基于历史财务比率的非线性预测。数据显示,只有在使用行业中值作为预测变量的

情况下，非线性方法才有显著的精度提升。在第三个面板中，第一个条目指的是使用三个行业中值进行比率的非线性预测，而第二个条目涉及将历史财务比率作为第四个预测变量的非线性预测。添加历史财务比率并没有显著提高定价的精度。

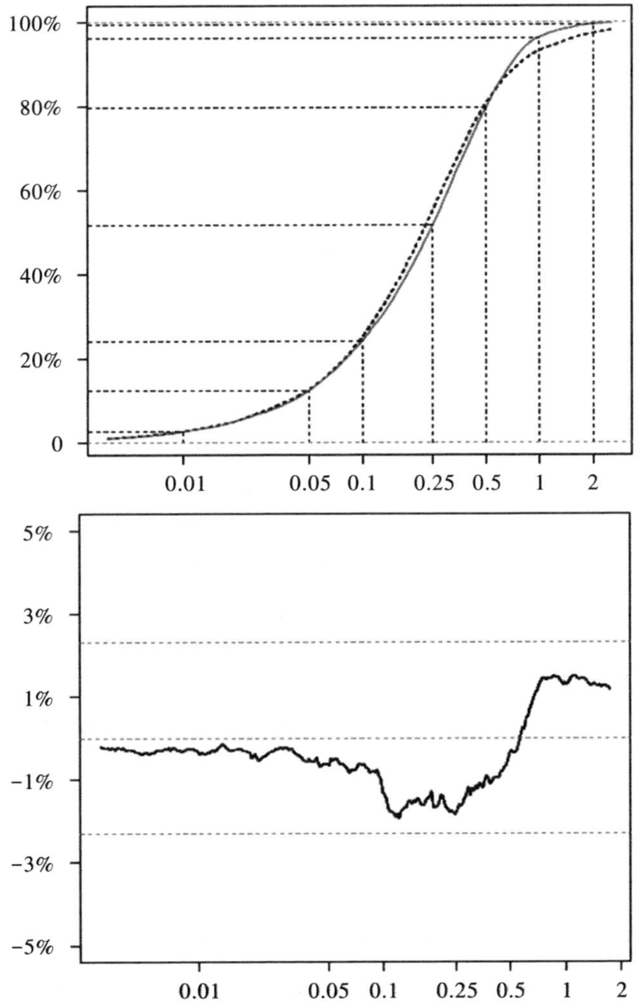

图 3-6　基准财务比率估值与历史财务比率估值的估值误差分布比较

注：第一个图描绘了根据估值方法的估值误差绝对值的累计分布函数（CDF），显示了通过历史数据进行简单预测（虚线）与基本估值法 $\frac{P_0}{NI_1}$ 比率估值的对比。两种方法都没有占据优势。前 80% 的百分位数对于简单预测较低。比率估值产生的较

大误差（超过实际价格的50%）较少。第二个图展示了估值方法的绝对相对定价误差的累计分布函数（CDF），显示了通过历史数据进行简单预测与基本估值法 $\frac{P_0}{NI_2}$ 比率估值的对比。当曲线落在置信区间内时，表明这两种方法在统计检验角度上同样精确。

表3-6总结了本书讨论的比率估值方法在估值偏差上的主要统计数据。与本书主题相关的条目包含在表格的第一个面板中，即表格的前两行。表格第一个面板中的统计数据显示，基本估值法似乎并未优于通过历史数据对当前财务比率进行预测的简单方法。事实上，对于两个 $\frac{P}{NI}$ 比率，简单预测的百分位数高达75%。图3-6进一步揭示了两种分布之间的整体关系。在 $\frac{P_0}{NI_1}$ 比率的情况下，两种方法都没有占优势。高达80%的百分位数对于简单预测来说较低。财务比率估值产生的误差较少（超过实际价格的50%）。在 $\frac{P_0}{NI_2}$ 比率的情况下，两种方法同样精确：估计累计分布函数之间的差异在95%置信区间内。考虑到这些结果，本书开头的陈述似乎成立：历史财务比率估值法与基准估值法表现一样好。

在继续讨论之前，我们回顾一下文献中基于会计模型的综合估值方法表现，主要是这些方法的估值误差绝对值中位数水平。其中大多数显著高于简单基准方法的估值误差绝对值中位数，即通过前一年财务比率预测当前比率，进而进行股权估值。

这些结果表明，使用历史财务比率数值作为预测变量的方法，在估值精度上并不逊色于传统的基本估值方法。这对于业界来说是一个重要的发现，因为它表明，即使是简单的预测方法，也可以在某些情况下提供足够的估值精确度。而在实际应用中，这意味着分析师和投资者可以在缺乏复杂模型或丰富数据的情况下，通过使用历史估值比率来获得合理准确的公司估值。

这一分析强调了在估值过程中考虑历史数据的重要性，尤其是对于那些具有丰富可用历史数据的公司。在未来的研究中，可以进一步探讨如何结合历史财务比率与其他预测变量，进一步提高估值精度，并为不同类型的公司提供更加个性化和精准的估值工具。

2.非线性预测与历史财务比率

在这一部分中，我们探讨了在预测财务比率时引入非线性处理方法对精度的影响，尤其是当有历史财务比率可用时。我们将上一节的估值过程中的参数设定进行了两方面的扩展。首先，我们分别考察了使用单一预测变量的情况，即根据前两位SIC行业代码确定的同行业比率的中位数和历史财务比率，看看在这种更通用的非线性预测方法下的精度表现。其次，我们研究了将历史财务比率作为第四个预测变量添加到三个行业中值预测中时对预测精度的影响。研究发现，当预测变量为历史价格时，比率的非线性预测并未显著提高精度，但当应用行业中值财务比率进行预测时，其影响显著。我们将这一发现解释为对本书第三节中提出的非线性预测方法论点的进一步支持。此外，我们还发现，虽然将历史财务比率作为第四个预测变量的确有助于提高估值精度，但这一增益几乎在统计检验上不显著。由此我们得出结论，尽管本书开头曾提到公司的历史估值比率是一个非常有用的预测变量，但实际结果显示，当考虑非线性时，它对行业中值比率的预测贡献非常有限。这些结论由表3-6以及图3-7的内容所支撑。

表3-6的第三行和第四行展示了当预测变量分别为行业SIC 2中值和历史财务比率时，非线性方法的估值误差绝对值分布的基本统计数据。数据显示，当预测变量为历史价格时，非线性增强方法几乎没

有改善定价精度，而当应用于行业中值比率预测时，其影响则显著。

表3-6的最后两行包含了当预测变量分别为3个行业SIC 2中值和中值与历史财务比率的非线性方法的估值误差绝对值分布的基本统计数据。数据显示，添加历史财务比率对估值精度的提高几乎没有影响。

图3-7展示了历史变量贡献显著性的统计检验结果。图表显示了使用3个中值和中值与历史财务比率进行预测财务比率时，估值误差绝对值的累计分布函数（CDF）之间的差异。虚线为本书附录A中的Kolmogorov-Smirnov统计量的置信区间。当差异值在置信区间内时，表示这两种方法在统计上同样精确。对于这两种比率，我们发现额外预测变量的贡献几乎不显著（在P0/NI2的情况下，仅在小范围内的误差是显著的）。根据这些结果，我们可以得出结论，历史财务比率并非一个非常有用的预测变量。在考虑非线性的情况下，它对行业中值比率的预测贡献几乎为零。

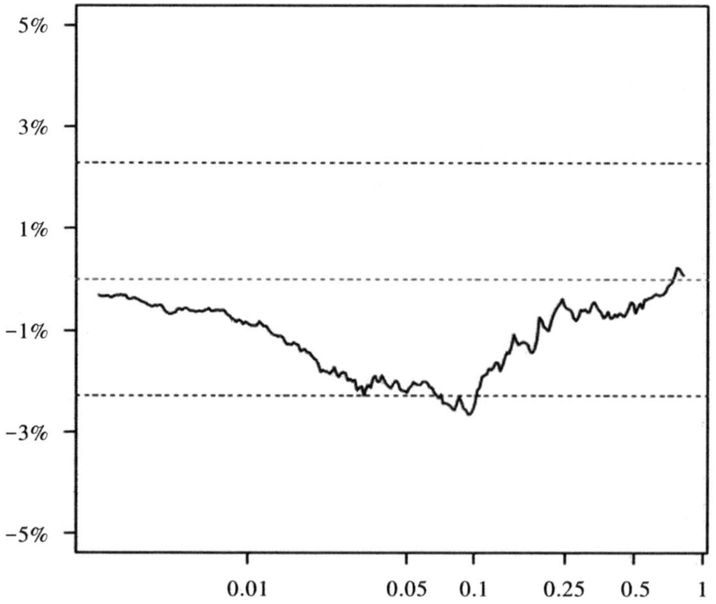

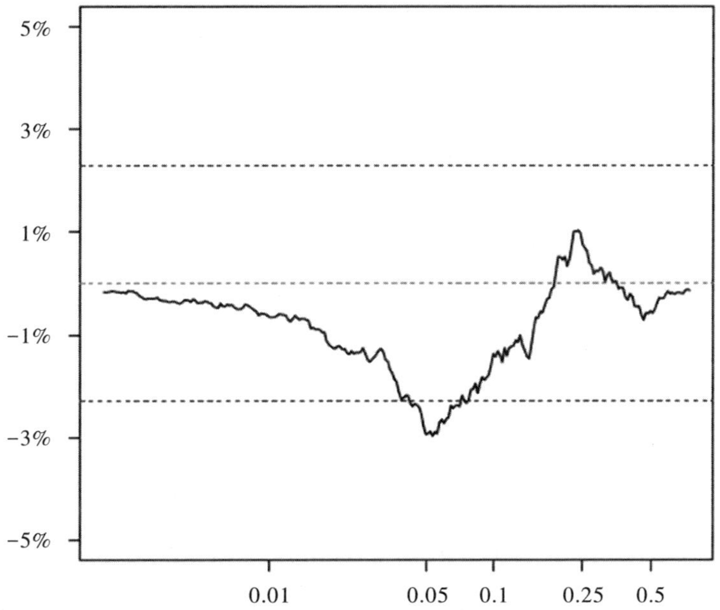

图 3-7　估值误差分布

注：使用三个中值预测比率与使用三个中值加历史财务比率预测财务比率。第一种方法使用三个行业中值预测比率，第二种方法在此基础上加上历史财务比率。第一个图表示 $\frac{P_0}{NI_1}$ 的结果，第二个图表示 $\frac{P_0}{NI_2}$ 的结果。虚线表示本书附录中公式（3.29）中的 Kolmogorov-Smirnov 统计量的置信区间。当差异值在置信区间内时，表示这两种方法在统计上同样精确。额外预测变量的贡献几乎在统计上不显著。

图 3-7 展示了历史财务比率与非线性预测方法的对比。第一个图显示了使用历史财务比率进行简单预测（虚线）与基本估值法 $\frac{P_0}{NI_1}$ 比率估值的对比。两种方法都没有占据明显优势，前 80% 的百分位数对简单预测较低，而比率估值产生的较大误差较少。第二个图显示了使用历史财务比率进行简单预测与基本估值法 $\frac{P_0}{NI_2}$ 比率估值的对

比。在置信区间内的值表明两种方法在统计上同样精确。这些结果进一步证实，即使是最简单的预测方法（如使用滞后值），在某些情况下也能提供足够的估值精度。

本书讨论了使用历史变量进行预测的有效性和精度，并将其与基本估值法进行了详细对比。结果表明，历史财务比率预测在某些情况下具有相当的精度，与基准估值法相比并不逊色。这一发现为估值方法的选择和应用提供了新的见解，尤其是在数据有限的情况下。

首先，简单的历史财务比率预测方法与基本估值法相比，在某些情况下具有相当的精度，且在大多数情况下并不逊色于后者。其次，当我们在预测比率时引入非线性处理方法，尤其是当使用行业中值作为预测变量时，预测精度显著提高。然而，当预测变量为滞后价格时，非线性处理方法对提高精度的贡献有限。最后，我们发现，将历史财务比率作为第四个预测变量添加到三个行业中值预测中，虽然有助于提高定价精度，但这一增益几乎在统计上不显著。

通过对历史变量和非线性预测方法的详细分析，我们得出了几个重要的启示。首先，历史估值比率在预测当前财务比率时并非关键变量。当考虑非线性时，其对行业中值比率的预测贡献几乎为零。这一发现对估值方法的选择和应用具有重要意义，尤其是在数据有限的情况下。

当预测企业价值时，合理选择预测变量和方法至关重要。尽管历史财务比率在某些情况下可以提供一定的预测精度，但通过引入非线性处理方法和选择合适的行业中值作为预测变量，可以显著提高估值的精度。这一结论为未来的估值研究和实践提供了有价值的参考。

（四）非线性直接价格预测

本书探讨了直接进行非线性价格预测的潜力和可能性。通过将非线性预测方法直接应用于价格，而不是通过财务比率来进行估值，我们可以检验财务比率在估值中是否提供有效增量信息。在接下来的部分中，我们讨论如何从公式（3.8）的表达式开始使这种方法变得可操作。

根据公司的价值可以表示为未知股本成本、未来收益和收益增长率的非线性函数：

$$V_{0,i}^{E}=\tilde{f}\left(r_{E,i},\ NI_{1,i},\ NI_{2,i},\ g_{i},\ PR_{i}\right) \tag{3.25}$$

其中，$\tilde{f}$是一个非线性函数。第一个考虑的规格是将未知的股本成本 $r_{E,i}$ 近似为行业中值收益价格比，如公式（3.10）所示。之后，将滞后收益率如公式（3.7）所示添加到解释变量中。未知的非线性函数$\tilde{f}$是按照第四部分讨论的统计程序进行估计的。为了完整性，我们还评估了使用去年价格作为今年价格预测的简单方法。我们考虑了两个基准：最好的基本财务比率估值和最好的非线性财务比率方法。直接价格预测的估值误差绝对值统计数据见表3-7。

表3-7　　直接价格预测的估值误差绝对值统计数据

比率预测公式	25%分位数	中位数	75%分位数	90%分位数
$\widehat{P_{0,i}}=\text{lagged}P_{0,i}$	0.113	0.238	0.431	0.745
$\widehat{P_{0,i}}=f(\text{medians},NI_{1,i},NI_{2,i},g_i)$	0.069	0.166	0.341	0.638

续表

比率预测公式	25%分位数	中位数	75%分位数	90%分位数
$\widehat{P_{0,i}} = f(\text{medians, lagged}\left(\frac{NI_{\cdot,i}}{P_{0,i}}\right), NI_{1,i}, NI_{2,i}, g_i)$	0.064	0.151	0.307	0.573
最佳的普通财务比率估值	0.092	0.206	0.381	0.606
最佳的非线性财务比率估值	0.047	0.106	0.207	0.351

注：本表显示了直接价格预测的估值误差绝对值统计数据。价格通过前一年值预测（第一行）、通过变量表达式（3.25）中的估计非线性函数预测，其中未知的股本成本首先通过行业中值收益价格比率近似（如公式（3.10）所示）（第二行），然后通过相同变量加上历史收益率（如公式（3.7）所示）（第三行）。数据表明，非线性财务比率估值比直接价格预测更精确，而直接价格预测又比基本方法更精确。

表3-7报告了直接价格预测的绝对定价误差的基本统计数据。值得注意的是，基准财务比率估值并不比使用去年价格作为预测的简单估值方法更精确。表3-7中的数据还表明，非线性直接价格预测比基本方法更精确，但不如非线性增强的财务比率估值准确。

这些结论得到了图3-8中的图表的证实，该图显示了最佳直接价格预测的绝对误差估计累积分布函数（CDF）的差异，一方面是与最佳基本财务比率估值（第一个图），另一方面是与最佳非线性财务比率估值（第二个图）的对比。图表显示，非线性财务比率估值比直接价格预测更精确，而直接价格预测又比基本方法更精确。

直接的价格预测可以挑战基本财务比率估值，但不能超越非线性增强的财务比率方法。

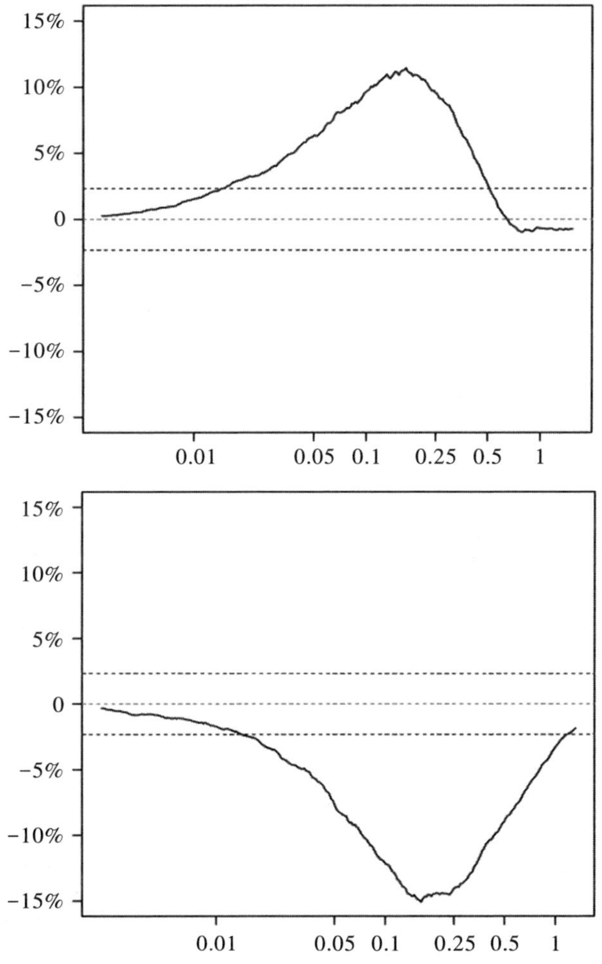

图 3-8 相对于最佳直接价格预测的估值误差分布

注：本图显示了相对于最佳直接价格预测的定价误差分布。图中显示了最佳直接价格预测与最佳基准财务比率估值（第一个图）和最佳非线性财务比率估值（第二个图）的估值误差绝对值累积分布函数（CDF）的差异。虚线表示本书附录中公式（3.29）中的 Kolmogorov-Smirnov 统计量的置信区间。置信区间内的值表示这两种方法在统计上同样精确。第一张图中的正值（负值）显示了直接价格预测相对于基本方法（本书章提出的非线性增强方法）的优越性（劣势）。

七、结论

我们重新审视了市盈率（Price-to-Earnings Ratio，P/E）估值方法。通过将行业中值收益比率解释为股本预期回报率（COEC）的近似值，并遵循会计文献中常用的估值理论模型，我们提出了对财务比率进行非线性预测的必要性。这种非线性预测方法考虑到了行业中值比率的多样性，因此我们建议使用多个行业中值比率作为预测变量，以提高估值的准确性。

我们展示了通过使用三个行业中值财务比率，这些财务比率是根据不同深度定义的行业（一位、两位或更多位数的SIC代码）构建的，进行非线性预测可以显著提高财务比率的预测精度。由于价格与价值驱动因素比率（即财务比率）的相对估值误差等于财务比率的相对估值误差，因此，财务比率的非线性预测能够极大提升估值精度。我们的实证结果显示，相对于基准财务比率估值方法，非线性预测方法将估值误差绝对值的中位数减少了47%，将估值误差绝对值的75分位数减少了45%，将估值误差绝对值的90分位数减少了40%。这意味着，通过使用非线性方法进行财务比率预测，可以更准确地反映公司股权的市场价值，从而提高估值的可靠性和准确性。

我们的研究结果表明，最能从精度提升中受益的公司是那些市盈率（P/E Ratio）处于较高或较低水平的公司、处于低市盈率中值行业的公司以及那些被分析师预测为短期增长率较高的公司。具体而言，这些公司由于其独特的财务特征和市场环境，更容易受到非线性预测方法的影响，从而在估值精度上获得更大的提升。

对于上市公司，前一年的价格和财务比率值可以进一步提高估值的准确性。一个令人惊讶的发现是，简单的历史财务比率方法的估值表现与基准财务比率估值方法相似。具体而言，通过使用前一年的财务比率值来预测当前的比率值，可以在一定程度上提供与基本财务比率估值方法相似的准确性。这表明，历史数据在某些情况下可以作为一种有效的估值工具。然而，当引入非线性特征时，历史财务比率相对于行业中值财务比率的预测贡献在统计上并不显著。这意味着，尽管历史数据在估值过程中具有一定参考价值，但其相对于行业中值的贡献并不显著，因此在进行非线性预测时，其增益作用有限。

我们的研究结果重新定位了财务比率定价方法相对于更全面的估值方法。尽管不是在同一个样本上进行评估，但通过引入非线性特征得到增强的市盈率估值方法的表现与文献中报告的更全面的现金流模型估值方法相比具有优势。在一个样本量增加10倍的样本中，非线性增强市盈率估值的估值误差绝对值中位数为10.6%（标准差为16.5%），相比之下，基于折现现金流模型的最精确的全面估值方法的估值误差绝对值中位数为13.7%（标准差为19.7%）。这表明，尽管市盈率估值方法可能被认为是一个“不完美的启发式方法”，但当我们根据财务估值理论模型对估值过程进行相应的调整和改进之后，市盈率估值可以成为一种非常精确的估值方法。

总结起来，针对Sloan（2002）提出的“为什么我们如此关心财务比率估值”这个覆盖面更广泛的问题，我们给出了一个简单而明确的答案：因为当这些财务比率根据经典财务估值理论模型调整和改进而得到增强之后，财务比率估值能够提供高效的估值表现。因此，尽管市盈率估值方法存在一些局限性，但通过适当的增强和改进，它可以成为一种非常有价值的估值工具，为投资者和分析师提供更加准确和可靠的估值结果。

附录

A.统计细节和性质

对于给定的误差样本$\left(e_1,\ e_2,\ \cdots,\ e_{n_X}\right)$，方法 X 的绝对相对误差$\left|E_X\right|$的累积分布函数（CDF）F_X 的估计量是经验累积分布函数：

$$\hat{F}_X(x) = \frac{1}{n_X}\sum I_{(-\infty,\ X]}\left(\left|e_i\right|\right) = \frac{\#of\left|errors\right| \leqslant x}{n_X} \tag{3.26}$$

其中，$I_A(x)$是指示函数：

$$I_A(x) = \begin{cases} 1,\ ifx \in A \\ 0,\ ifx \notin A \end{cases} \tag{3.27}$$

统计估计误差由两个样本 Kolmogorov-Smirnov 统计量的渐近分布描述：

$$D_{n_X,\ n_Y} = \sup_x\left|\hat{F}_{X,\ n_X}(x) - \hat{F}_{Y,\ n_Y}(x)\right| \tag{3.28}$$

在原假设 $F_X = F_Y$ 下，

$$D_{n_X,\ n_Y} \leqslant c(\alpha)\sqrt{\frac{1}{n_X} + \frac{1}{n_Y}} \tag{3.29}$$

概率为 $1 - \alpha$。

总结，如果 F_X 和 F_Y 表示绝对误差$\left|E_X\right|$和$\left|E_Y\right|$的两个估计出的累积概率分布函数，分别对应估值方法 X 和 Y，我们定义以下支配度量：

$$
dm\left(\hat{F}_X, \hat{F}_Y\right) \equiv \begin{cases} \max\limits_e\left(\hat{F}_X(e)-\hat{F}_Y(e)\right), \ if \max\limits_e\left(\hat{F}_X(e)-\hat{F}_Y(e)\right) > c_{KS} \ and \\ \min\limits_e\left(\hat{F}_X(e)-\hat{F}_Y(e)\right) \geqslant -c_{KS} \\ \min\limits_e\left(\hat{F}_X(e)-\hat{F}_Y(e)\right), \ if \min\limits_e\left(\hat{F}_X(e)-\hat{F}_Y(e)\right) < -c_{KS} \ and \\ \max\limits_e\left(\hat{F}_X(e)-\hat{F}_Y(e)\right) \leqslant c_{KS} \\ 0, \ if \min\limits_e\left(\hat{F}_X(e)-\hat{F}_Y(e)\right) \geqslant -c_{KS} and \\ \max\limits_e\left(\hat{F}_X(e)-\hat{F}_Y(e)\right) \leqslant c_{KS} \\ ?\ , \ if \max\limits_e\left(\hat{F}_X(e)-\hat{F}_Y(e)\right) > c_{KS} and \\ \min\limits_e\left(\hat{F}_X(e)-\hat{F}_Y(e)\right) < -c_{KS} \end{cases} \tag{3.30}
$$

其中，$c(\alpha)$取决于α的大小，n_X和n_Y分别是用于估计两个累计概率分布函数，$\hat{F}_X$和$\hat{F}_Y$的样本量。

附表3-1给出了支配度量$dm\left(\hat{F}_X, \hat{F}_Y\right)$的解释，并将在后续比较竞争估值方法的精度时引用。在没有任何CDF支配的情况下，相应百分位数之间的关系取决于百分位数的顺序，并且会随着百分位数顺序的变化而变化。例如，X的中位绝对误差可能小于Y，而X的25%位数可能大于Y。

附表3-1　**支配度量$dm(\hat{F}_X, \hat{F}_Y)$的解释以及必要和充分条件**

$dm\ (\hat{F}_X, \hat{F}_Y)$	条件	含义
>0	$\max\limits_e\left(\hat{F}_X(e)-\hat{F}_Y(e)\right) > 0$ and $\min\limits_e\left(\hat{F}_X(e)-\hat{F}_Y(e)\right) \asymp 0$ $\max\limits_e\left(\hat{F}_X(e)-\hat{F}_Y(e)\right) > c_{KS}$and $\min\limits_e\left(\hat{F}_X(e)-\hat{F}_Y(e)\right) \geqslant -c_{KS}$	$F_X > F_Y$ 或 方法X比方法Y更精确

$dm\ (\hat{F}_X,\ \hat{F}_Y)$	条件	含义
<0	$\max_e\left(\hat{F}_X(e)-\hat{F}_Y(e)\right)\asymp 0$ and $\min_e\left(\hat{F}_X(e)-\hat{F}_Y(e)\right)<0$ $\max_e\left(\hat{F}_X(e)-\hat{F}_Y(e)\right)\leqslant c_{KS}$and $\min_e\left(\hat{F}_X(e)-\hat{F}_Y(e)\right)<-c_{KS}$	$F_Y > F_X$ 或 方法Y比方法X更精确
=0	$\max_e\left(\hat{F}_X(e)-\hat{F}_Y(e)\right)\asymp 0$ and $\min_e\left(\hat{F}_X(e)-\hat{F}_Y(e)\right)\asymp 0$ $\max_e\left(\hat{F}_X(e)-\hat{F}_Y(e)\right)\leqslant c_{KS}$ and $\min_e\left(\hat{F}_X(e)-\hat{F}_Y(e)\right)\geqslant -c_{KS}$	$F_X = F_Y$ 或 两种方法同样精确
?	$\max_e\left(\hat{F}_X(e)-\hat{F}_Y(e)\right)>0$ and $\min_e\left(\hat{F}_X(e)-\hat{F}_Y(e)\right)<0$ $\max_e\left(\hat{F}_X(e)-\hat{F}_Y(e)\right)>c_{KS}$ and $\min_e\left(\hat{F}_X(e)-\hat{F}_Y(e)\right)<-c_{KS}$	任一累积分布函数均不占优 或 两种方法无法进行比较

注：符号 >，< 和 ≍ 对应于统计上为真的（不等）式，即不被相应的 Kolmogorov-Smirnov 假设检验所拒绝。这里的 $\hat{F}_X$ 和 $\hat{F}_Y$ 分别表示方法 X 和 Y 的绝对相对估值误差 $|E|$ 的估计累积分布函数（见定义（3.8））。

B. 最优同行数量

B.1 理论考量

为了使选择最佳可比公司数量这一操作具有实际意义，我们用 $F_{m,c}^{k}$ 表示当正好使用由标准 c 选择的 k 个可比公司来构建倍数 m 时，绝对误差 $\left|E(m, C)\right|$ 的累积分布函数（CDF）。换句话说，可比公司集 C 是根据可比公司选择标准 c 选择的最接近的 k 个公司。在形式上，估算倍数 m 时使用的最佳可比公司数量 k_{opt}，定义如下：

$F_{k_{opt}} \geqslant F_k$对于所有$k \neq k_{opt}$。

其中，这里的不等式表示按照表3-1中的定义，即使用 k_{opt} 个可比公司进行估值时的误差分布在统计上至少与使用任何其他数量的可比公司进行估值时的误差分布一样好，甚至更好。这意味着，选择最佳数量的可比公司时，我们希望通过最大化估值精度来确定 k_{opt} 。

具体来说，对于给定的倍数 m 和可比公司选择标准 c 的组合，记 F_k 为使用正好 k 个可比公司进行倍数预测时的绝对误差 $|E|$ 的累积分布函数（CDF）。在这种情况下，最佳可比公司数量 k_{opt} 是通过以下条件定义的：

$F_{k_{opt}} \geqslant F_k$对于所有$k \neq k_{opt}$。

这个条件的意思是，使用 k_{opt} 个可比公司进行估值，其精度在总体上比使用任何其他数量的可比公司进行估值的精度要高。

为了使这个定义更具有实际操作性，我们可以参考附录B中的详细解释。附录中提供了如何根据随机占优（Stochastic Dominance）的概念具体确定最佳可比公司数量的方法。通过这种方式，我们确保选择的可比公司数量在估值准确性方面达到最佳效果。

这一理论框架不仅为实际操作提供了明确的指导，而且能够在不同的可比公司选择标准和估值倍数之间进行有效的比较和选择，从而提升估值方法的总体准确性和可靠性。

通过这种系统化的分析和比较，我们可以在复杂的市场环境中找到最优的估值策略，从而为投资者和市场参与者提供更准确、更可靠的估值工具。这对于实现科学的投资决策和合理的市场评估具有重要意义。不仅能够帮助投资者在市场波动中做出更明智的决策，而且能够提高市场整体的透明度和效率，从而促进资本市场的健康发展。

因此，选择最佳可比公司数量这一操作，不仅是一个技术问题，更是一个涉及投资策略优化和市场行为分析的重要研究课题。在实际应用中，通过合理选择和优化可比公司数量，可以显著提高估值的准确性，从而为投资者和决策者提供更为可靠的依据。

当从数据中估计误差的累积分布函数（CDFs）时，公式（3.7）中最佳同行数量的定义可以重写为（见表3-5）：

$$\max_{e}\left(\hat{F}_{k_{opt}}^{m,c}(e)-\hat{F}_{k}^{m,c}(e)\right) \succcurlyeq 0$$

$$and$$

$$\min_{e}\left(\hat{F}_{k_{opt}}^{m,c}(e)-\hat{F}_{k}^{m,c}(e)\right) \asymp 0$$

$$forallk \neq k_{opt},$$

其中，符号 $\succcurlyeq$ 和 $\asymp$ 对应于统计上为真（不等）式，即不被相应的 Kolmogorov-Smirnov 假设检验所拒绝。具体来说：

$$\max_{e}\left(\hat{F}_{k_{opt}}^{m,c}(e)-\hat{F}_{k}^{m,c}(e)\right) \succcurlyeq 0 \ and \ \min_{e}\left(\hat{F}_{k_{opt}}^{m,c}(e)-\hat{F}_{k}^{m,c}(e)\right) \asymp 0$$

对于所有估值精度严格低于 k_{opt} 的 k，

$\max_{e}\left(\hat{F}_{k_{opt}}^{m,c}(e)-\hat{F}_{k}^{m,c}(e)\right) \asymp 0 \ and \ \min_{e}\left(\hat{F}_{k_{opt}}^{m,c}(e)-\hat{F}_{k}^{m,c}(e)\right) \asymp 0$ 对于所有估值精度与 k_{opt} 相等的 k。

由于 k_{opt} 不依赖于财务比率，因此，需要用来将 k 分类为严格次优或最佳的统计量定义为：

$$\begin{cases} M_k^c := \max\limits_{m}\left(\max\limits_{e}\left(\hat{F}_{k_{opt}}^{m,c}(e)-\hat{F}_{k}^{m,c}(e)\right)\right) \\ N_k^c := \min\limits_{m}\left(\max\limits_{e}\left(\hat{F}_{k_{opt}}^{m,c}(e)-\hat{F}_{k}^{m,c}(e)\right)\right) \\ O_k^c := \min\limits_{m}\left(\min\limits_{e}\left(\hat{F}_{k_{opt}}^{m,c}(e)-\hat{F}_{k}^{m,c}(e)\right)\right) \end{cases}$$

对于 $N_k^c \succcurlyeq 0$ 且 $O_k^c \asymp 0$ 的 k，将在所有财务比率中都是次优的，即对于研究中的任何财务比率，使用 k 个可比公司构建的财务比率 c 的估值精度严格低于基于 k_{opt} 的可比公司。对于 $M_k^c \asymp 0$ 且 $O_k^c \asymp 0$ 的

k，在所有财务比率中，估值精度在统计上与最佳精度无显著差异。

B.2 样本构建

附表3-2显示了样本在各个步骤中的规模缩减情况。虽然排除规则1、2、3 、5和7容易理解，但另外两个规则需要解释。简而言之，排除规则4产生了最多的公司/年份实例，这些实例中两种估值方法都提供了市场价值，并允许公平比较基于不同财务比率的估值方法所产生的误差分布。详细来讲，负财务比率由负分母生成。请记住，公司的基于财务比率预测的市场价值是通过将同行基于预测的财务比率乘以该公司在给定年份内财务比率分母变量的值得到的。由于在我们的分析中，同行基于预测的财务比率始终为正，因此负分母意味着公司的负市场价值。排除规则4将样本中至少有一种估值方法无法通过产生负市场价值来给公司赋值的公司/年份实例排除在外。排除规则6旨在确保在选择标准为行业时有足够的可比公司。

附表3-2 **样本的构建**

样本构建	样本规模
CRSP/Compustat中所有的公司-年份观测（1983—2011）	261 155
剔除价格存在缺失值的观测	−124 737
	136 418
剔除SIC代码介于6 000—6 799之间的观测	−24 746
	111 672
剔除价格低于3美元的观测	−14 494
	97 178
剔除预测收益和增长中存在缺失值的观测	−66 725
	30 453

续表

样本构建	样本规模
剔除财务比率驱动因素为负值的观测	−2 075
	28 378
剔除财务比率值位于极端上下1%观测范围内的观测	−475
	27 903
剔除某一年份同属一级SIC行业的同行数量少于50的行业	−2
最终样本规模	27 901

附表3-3详细列出了研究期间1983—2011年每年的样本大小。

附表3-3　　　　**每年的样本规模**

年份	1983	1984	1985	1987	1988	1989	1990	1991	1992
规模	611	668	685	755	745	746	763	835	947
年份	1993	1994	1995	1997	1998	1999	2000	2001	2002
规模	1 095	1 144	1 245	1 432	1 264	1 092	980	913	979
年份	2003	2004	2005	2007	2008	2009	2010	2011	
规模	1 057	1 108	1 072	1 015	809	893	925	891	

C.**分类和回归树**（CART，Classification and Regression Tree）

分类和回归树（CART）方法最早由Breiman，Friedman，Stone，and Olshen于1984年提出。这一基本思想相当直观。预测变量空间，即在我们案例中的$\frac{P_{j,t}}{NI_{j,t+1}}$中位数的范围，$median_{j\in SIC, j\neq i}\left(\frac{P_{t,j}}{NI_{t+.,j}}\right)$，被划分为$N$个区域，$R_1$，$R_2$，…，$R_N$。对于每个区域，响应函数是常数$c_n$，并等于独立变量的平均值：

$$c_n = mean\left(\left(\frac{P}{NI}\right)_{i,\ t,\ C} \middle| median_{j \in C}\left\{\frac{P_{j,\ t}}{NI_{j,\ t+1}}\right\} \in R_n\right) \tag{3.31}$$

因此，一个单树模型可以表示为：

$$\begin{aligned}\widehat{\left(\frac{P}{NI}\right)}_{i,\ t} &= T\left(median_{j \in C}\left\{\frac{P_{j,\ t}}{NI_{j,\ t+1}}\right\};\quad \Theta\right) \\ &= \sum_{n=1}^{N} c_n I\left(median_{j \in C}\left\{\frac{P_{j,\ t}}{NI_{j,\ t+1}}\right\} \in R_n\right)\end{aligned} \tag{3.32}$$

其中 I_A 是集合 A 的指示函数，而参数 $\Theta = \{R_n,\ c_n\}$。

为了说明区域 R_n 的构建过程，我们描述算法的第一步。它从所有数据在一个区域开始，选择一个预测变量 l 和其值范围内的分割点 s 。两个新区域 R_1 和 R_2 被定义为一对半平面：

$$\begin{cases} R_1(l,\ s) = \left\{median_{j \in C}\left(\frac{P_{j,\ t}}{NI_{j,\ t+1}}\right) \middle| median_{j \in SIC_1}\left(\frac{P_{j,\ t}}{NI_{j,\ t+1}}\right) \leqslant s\right\} \\ R_2(l,\ s) = \left\{median_{j \in C}\left(\frac{P_{j,\ t}}{NI_{j,\ t+1}}\right) \middle| median_{j \in SIC_1}\left(\frac{P_{j,\ t}}{NI_{j,\ t+1}}\right) > s\right\} \end{cases} \tag{3.33}$$

变量 l 和切点 s 是以下最小化问题的解：

$$\begin{aligned}\min_{l,\ s}\Bigg\{ &\min_{c_1} \sum_{median_{j \in C}\left(\frac{P_{j,\ t}}{NI_{j,\ t+1}}\right) \in R_1(l,\ s)} \left(\left(\frac{P}{NI}\right)_{i,\ t,\ C} - c_1\right)^2 + \\ &\min_{c_2} \sum_{median_{j \in C}\left(\frac{P_{j,\ t}}{NI_{j,\ t+1}}\right) \in R_2(l,\ s)} \left(\left(\frac{P}{NI}\right)_{i,\ t,\ C} - c_2\right)^2 \Bigg\}\end{aligned} \tag{3.34}$$

然后算法继续以同样的方式分割现有区域。

虽然 CART 对单调变换不敏感，并且可以优雅地处理无关输入，但由于缺乏稳健性，其预测能力不是很好。为了应对这一弱点，Friedman 于 1999 年引入了提升树的方法。提升树预测器被定义为方程（3.35）中的所有树的和。

$$\widehat{\left(\frac{P}{NI}\right)}_{i,\ t} = b_K\left(median_{j \in C}\left\{\frac{P_{j,\ t}}{NI_{j,\ t+1}}\right\};\quad \Theta\right) = \sum_{k=1}^{K} T\left(median_{j \in C}\left\{\frac{P_{j,\ t}}{NI_{j,\ t+1}}\right\};\quad \Theta_k\right) \tag{3.35}$$

算法步骤如下：

1.初始设定：$b\left(median_{j \in C}\left\{\frac{P_{j,\ t}}{NI_{j,\ t+1}}\right\};\quad \Theta\right) = 0$

2.对于 k 从 1 到 K：

a）计算

$$\hat{\Theta}_k = argmin_{\Theta_k}\sum_{i=1}^{N} L\left(\left(\frac{P}{NI}\right)_{i,\ t,\ C},\quad b_{k-1}\left(median_{j \in C}\left\{\frac{P_{j,\ t}}{NI_{j,\ t+1}}\right\};\quad \Theta\right) + T\left(median_{j \in C}\left\{\frac{P_{j,\ t}}{NI_{j,\ t+1}}\right\};\quad \Theta\right)\right)$$

其中 $L(.)$ 是损失函数；

b）更新迭代

$$b_K\left(median_{j \in C}\left\{\frac{P_{j,\ t}}{NI_{j,\ t+1}}\right\};\quad \Theta\right) = b_{k-1}\left(median_{j \in C}\left\{\frac{P_{j,\ t}}{NI_{j,\ t+1}}\right\};\quad \Theta\right) + T\left(median_{j \in C}\left\{\frac{P_{j,\ t}}{NI_{j,\ t+1}}\right\};\quad \Theta\right).$$

参考文献

[1] ALFORD A W. The effect of the set of comparable firms on the accuracy of the price-earnings valuation method [J]. Journal of Accounting Research, 1992, 30 (1): 94-108.

[2] ASQUITH P, MIKHAIL M, AU A. Information content of equity analyst reports [J]. Journal of Financial Economics, 2005, 75 (2): 245-282.

[3] BAKER M, RUBACK R. Estimating industry multiples [R]. Working Paper, Harvard University, 1999.

[4] BANCEL F, MITTOO U R. The gap between theory and practice of firm valuation: Survey of European valuation experts [R]. SSRN 2420380, 2014.

[5] BHOJRAJ S, LEE C. Who is my peer? A valuation-based approach to the selection of comparable firms [J]. Journal of Accounting Research, 2002, 40 (2): 407-439.

[6] BLOCK S. Methods of valuation: Myths vs. reality [J]. The Journal of Investing, 2010, 19 (4): 7-14.

[7] BREIMAN L, FRIEDMAN J, STONE C, et al. Classification and regression trees [M]. Boca Raton, FL: Chapman and Hall/CRC, 2017.

[8] CHENG C, MCNAMARA R. The valuation accuracy of the price-earnings and price-book benchmark valuation methods [J]. Review of Quantitative Finance and Accounting, 2000, 15 (4): 349-370.

[9] COURTEAU L, KAO J, O' KEEFE T, et al. Gains to valuation accuracy of direct valuation over industry multiplier approaches [R]. SSRN 393120, 2003.

[10] COURTEAU L, KAO L, RICHARDSON G D. Equity valuation employing the ideal versus ad hoc terminal value expressions [J]. Contemporary Accounting Research, 2001, 4 (Winter):

625-661.

[11] COURTEAU L, KAO L, TIAN Y. Does accrual management impair the performance of earnings-based valuation models? [J]. Journal of Business Finance and Accounting, 2015, 42 (1-2): 101-137.

[12] DAMODARAN A. Damodaran on valuation: Security analysis for investment and corporate finance [M]. 2nd ed. Hoboken, NJ: Wiley, 2006.

[13] DELOOF M, DE MAESENEIRE W, INGHELBRECHT K. How do investment banks value initial public offerings (IPOs)? [J]. Journal of Business Finance & Accounting, 2009, 36 (1-2): 130-160.

[14] DEMIRAKOS E G, STRONG N C, WALKER M. What valuation models do analysts use? [J]. Accounting Horizons, 2004, 18 (4): 221-240.

[15] EASTON D P. PE ratios, PEG ratios, and estimating the implied expected rate of return on equity capital [J]. The Accounting Review, 2004, 79 (1): 73-95.

[16] EASTON D P, MONAHAN S. An evaluation of accounting-based measures of expected returns [J]. The Accounting Review, 2005, 80 (2): 501-538.

[17] FRANCIS J, OLSSON P, OSWALD D. Comparing the accuracy and explainability of dividend, free cash flow, and abnormal earnings equity value estimates [J]. Journal of Accounting Research, 2000, 38 (Spring): 45-70.

[18] FRIEDMAN J. Stochastic gradient boosting [J]. Computational

Statistics and Data Analysis, 1999, 38: 367 - 378.

[19] GILSON S C, HOTCHKISS E S, RUBACK R S. Valuation of bankrupt firms [J]. The Review of Financial Studies, 2000, 13 (1): 43-74.

[20] HEINRICHS N, HESS D, HOMBURG C, et al. Extended dividend, cash flow and residual income valuation models: Accounting for deviations from ideal conditions [R]. SSRN 1145201, 2011.

[21] KANG J, STARICA C. Have earnings and book values lost relevance? A relative valuation framework [R]. Working paper, 2014.

[22] KAPLAN S N, RUBACK R S.The valuation of cash flow forecasts: An empirical analysis [J]. The Journal of Finance, 1995, 50 (4): 1059-1093.

[23] KIM M, RITTER J R. Valuing IPOs [J]. Journal of Financial Economics, 1999, 53 (3): 409-437.

[24] LAROCQUE S, LYLE M.Implied cost of equity capital estimates as predictors of accounting returns [J]. Journal of Financial Reporting, 2017, 2 (1): 69-93.

[25] LIE H, LIE E. Multiples used to estimate corporate value [J]. Financial Analysts Journal, 2002, 58 (2): 44-54.

[26] LIU J, NISSIM D, THOMAS J. Equity valuation using multiples [J]. Journal of Accounting Research, 2002, 40 (1): 135-172.

[27] LIU J, NISSIM D, THOMAS J. Is cash flow king in valuations? [J]. Financial Analysts Journal, 2007, 63 (2): 56-68.

[28] ROOSENBOOM P. Valuing and pricing IPOs [J]. Journal of

Banking & Finance, 2012, 36 (6): 1653-1664.

[29] SLOAN R. Discussion of who is my peer? A valuation-based approach to the selection of comparable firms [J]. Journal of Accounting Research, 2002, 40 (2): 441-444.

[30] SOUGIANNIS T, YAEKURA T. The accuracy and bias of equity values inferred from analysts' earnings forecasts [J]. Journal of Accounting, Auditing and Finance, 2001, 16 (4): 331-356.